헬렌성의
프랑스 자수

comfort 위로의 시간

pleasure 기쁨의 시간

composure 평정의 시간

rest 휴식의 시간

프랑스 자수가 이끄는 행복의 시간

한복 디자이너로 활동하고 있는 친구가 보여준 프랑스 자수 책이 자수와의 첫 만남이었습니다. 형형색색 생동감 있는 수에 반해 당장 책을 빌려서 집으로 왔지요. 그때만 해도 프랑스 자수의 입체적인 기법을 배울 만한 곳이 없었고 우리말로 된 책도 없어 번역기를 돌려가며 깨우쳐야 했습니다. 기법 하나를 터득하는 데 일주일씩 걸렸지만 표현하고 싶은 그림을 완성했을 땐 날아갈 듯 기뻤습니다. 내 손으로 원하는 것을 만들었다는 성취감에 행복했지요.

프랑스 자수를 하면서 찾아온 변화는 작은 것들의 아름다움을 발견하게 된 거예요. 길가에 핀 꽃, 사람들이 입고 있는 옷에 그려진 그림, 선물 받은 물건의 포장지 등 이전에는 보이지 않던 것들이 눈에 들어오기 시작했고, 일상 곳곳에 스며 있는 기분 좋은 감정, 느낌, 추억, 바람, 시간처럼 보이지 않는 것까지도 의미 있게 다가왔습니다. 그런 단편들이 새로운 이미지를 만들고, 그 위에 한 땀 한 땀 수를 놓다 보면 어느 순간 머릿속이 맑아지고 홀가분해졌습니다. 나를 위한 배려와 존중의 시간을 보내고 있다는 생각에 위안이 되기도 했고요.

그런 저의 경험을 공유하고 싶습니다. 책 속의 모티프는 모두 여러분 마음에도 존재하는 것입니다. 그것들이 저마다의 이야기보따리를 풀어 작은 행복을 만들어줄 것입니다.

되도록 많은 사람이 오래 볼 수 있도록 간단한 것부터 복잡한 것까지 골고루 안배했습니다. 만드는 데 시간과 노력이 들어가는 도안은 과정을 세분하여 꼼꼼히 설명했으니 어렵다는 생각이 들진 않을 거예요. 지금까지 한 번도 공개한 적 없는 저만의 응용 스티치도 있습니다. 자수를 놓는 동안 테라피 효과를 느낄 수 있도록 특별히 실 선택에 세심한 정성을 들이기도 했습니다. 어느 정도 자신감이 붙으면 각자 좋아하는 스티치로 변화를 줘도 좋습니다. 제시한 방법을 기준으로 그때그때 감성에 충실해 자유롭게 표현해보세요. 아주 단순한 스티치로도 그럴 듯한 자수가 완성되는 것이 프랑스 자수의 매력입니다.

오래전 자수를 잘하게 되면 혼자 수놓는 사람들에게 도움이 될 책을 쓰고 싶다는 생각을 한 적 있었는데, 드디어 그 꿈이 이루어졌습니다. 이 책을 통해 자수가 이끄는 위로와 기쁨, 평정, 휴식의 시간을 만끽하시길 소망합니다.

헬렌정

contents

prologue

프랑스 자수가 이끄는 행복의 시간

swan

누리고 싶은 여유

· *how to make* 98 | 100 ·

garden

황홀한 향기

· *how to make* 118 ·

coffee mill

추억

· *how to make* 120 ·

kneader

평온

· *how to make* 88 ·

picnic sunshade

따뜻한 햇살 아래

· *how to make* 102 ·

picnic basket

조용한 휴식

· *how to make* 90 ·

flower wagon

훌쩍 떠남

· *how to make* 104 ·

flower

마음가는 대로

· *how to make* 92 | 94 ·

bicycle

출발

· *how to make* 106 ·

bouquet

아름다운 기억

· *how to make* 96 ·

spence

작은 행복

· *how to make* 122 ·

shoes
설렘

• *how to make* 108 •

apron
취향

• *how to make* 110 | 112 •

veil
빛나는 아름다움

• *how to make* 124 •

her back
영원한 사랑

• *how to make* 126 •

cafe
은은한 커피향

• *how to make* 114 •

coffee cup & macaron
달콤한 휴식

• *how to make* 128 •

wedding
행복했던 순간

• *how to make* 130 •

kitchen
우리 함께

• *how to make* 132 •

brunch
고요

• *how to make* 134 •

flower basket
기쁨

• *how to make* 116 •

basic & how to make

도구와 재료 • *page* 58

수놓는 순서 • *page* 60

기초 스티치 • *page* 64

자수실 보관 및 리넨 세탁 방법 • *page* 84

도안과 과정 • *page* 86

gar*d*en
황홀한 향기

• *how to make* 118 •

knea*d*er

평온

how to make 88

picnic basket

조용한 휴식

· *how to make 90* ·

$f$lower

마음 가는 대로

• *how to make* 92 | 94 •

bo*u*quet
아름다운 기억

• how to make 96 •

swa*n*

누리고 싶은 여유

how to make 98 | 100

co*ff*ee mill
추 억

• *how to make* 120 •

picnic sunshade
따뜻한 햇살 아래

how to make 102

flower wagon

훌쩍 떠남

• how to make 104 •

bicycle
출발

• *how to make 106* •

spe*n*ce

작은 행복

• *how to make 122* •

shoes

설렘

• how to make 108 •

apron
취향

• *how to make 110 | 112* •

ve*i*l
빛 나 는 아 름 다 움

how to make 124

her back

영원한 사랑

• *how to make* 126 •

cafe
은은한 커피향

how to make 114

coffee cup & macaron
달콤한 휴식

• how to make 128 •

wedding
행복했던 순간

• *how to make* 130 •

kitchen
우리 함께

how to make 132

brunc*h*
고요

• *how to make 134* •

*f*lower bas*k*et

기쁨

• how to make 116 •

BASiC & HOW TO MAkE

도구와 재료 • *page 58*

수놓는 순서 • *page 60*

기초 스티치 • *page 64*

자수실 보관 및 리넨 세탁 방법 • *page 84*

도안과 과정 • *page 86*

BASiC 도구와 재료

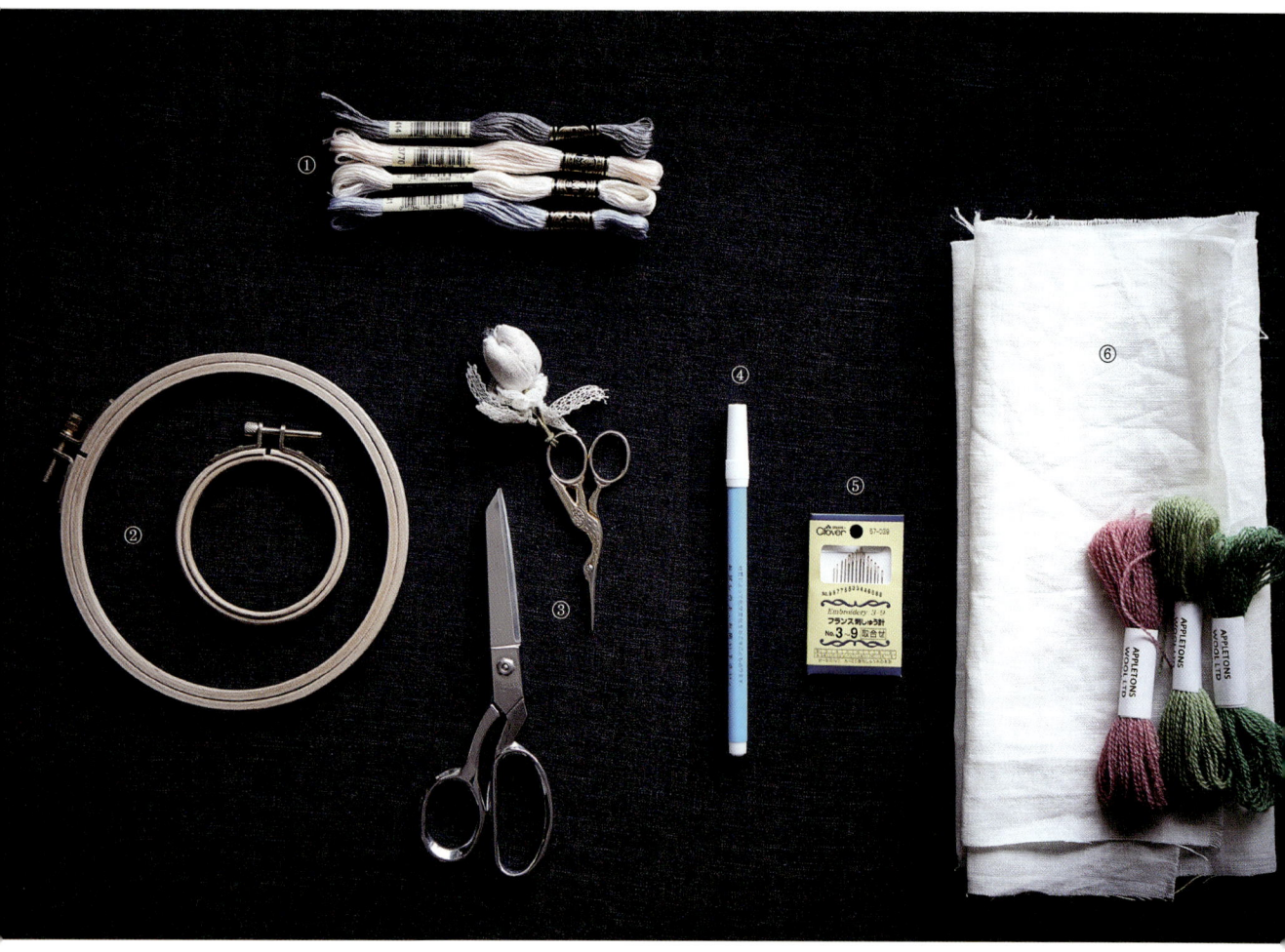

자수실
1

색감이 예쁘고 염료의 물 빠짐이 없는 DMC 25번 면사를 가장 많이 사용한다. DMC는 프랑스 자수실 브랜드 이름이고 25번은 실의 굵기를 뜻한다. 실의 굵기는 숫자가 작을수록 굵어지고 클수록 가늘어진다. 그 외에 울사, 실크사, 코튼펄사, 크로셰코튼사, 메탈사, 자수용 리본, 비즈 등 다양한 소재로 프랑스 자수를 표현할 수 있다.

수틀
2

두껍지 않은 원형 나무수틀이 좋다. 수틀은 자수실과 천의 장력을 동일하게 해 천 위에 자수땀을 바르게 놓을 수 있으니 반드시 사용한다.

자수는 찌르는 땀과 뜨는 땀으로 수를 놓는다. 전통 자수나 야생화 자수처럼 찌르는 땀으로 수를 놓을 때는 수틀이 커도 상관없지만 뜨는 땀을 사용하는 프랑스 자수에선 왼손 엄지손가락의 역할이 중요하므로 반드시 손 안에 잡히는 10.5~12.5cm의 작은 수틀을 선택한다.

수틀 조임쇠는 11시 방향에 맞춰놓고 사용해야 오른손을 자유롭게 움직일 수 있고 자수실이 조임쇠에 걸리지 않는다. 수틀 바깥 틀에 거즈나 레이스를 감아 사용하면 자수의 형태가 변하는 것을 막을 수 있다.

자수가위
3

실을 자르고 수놓은 자수를 뜯을 때 사용한다. 한 손으로 감쌀 수 있을 정도로 작고 가위 날이 뾰족한 게 좋다. 가위 손잡이에 끈을 넣고 묶은 뒤 가위 날이 배꼽 살짝 아래로 오게 목에 걸고 사용하면 수놓을 때 편리하다.

수성펜
4

간단한 도안이나 재단선을 그릴 때 필요하다. 수성펜은 물에 닿으면 지워져 도안선을 쉽게 수정할 수 있다. 브라운과 블루 컬러가 있는데 브라운 컬러는 습도에 약해 잘 지워지니 블루 컬러를 사용하는 게 좋다. 펜 끝이 굵은 사인펜을 선택해야 리넨 위에 그리기 쉽다.

바늘
5

실 가닥수에 따라 끼우기 쉬운 바늘귀를 사용하는 게 중요하다. 바늘귀가 넓고 바늘 끝이 날카로운 크로바 3~9호를 가장 많이 사용한다.

번호가 작아질수록 바늘이 굵고 길이가 길어지며 바늘귀가 커진다. 번호가 커질수록 바늘이 가늘고 길이가 짧아지며 바늘귀가 작아진다. 바늘허리가 긴 밀리너스바늘, 바늘귀가 크고 가는 셔닐바늘, 굵은 실로 수놓을 때 사용하는 얀다너바늘 등 다양한 종류의 바늘이 있으니 자수 표현 방법에 따라 적절하게 골라 사용한다.

리넨
6

리넨은 수놓기 쉽고 세탁할 수 있어 관리하기 편리한 소재다. 단 세탁하면 수축하기 때문에 재단하기 전에 미리 세탁해서 사용한다. 면이 섞인 코튼리넨, 100% 퓨어리넨, 리투아니아리넨 등이 있으며 주로 화이트나 베이지 컬러를 사용한다.

BASiC 수놓는 순서

도안 옮기기부터 실 매듭짓는 방법까지 수를 놓기 전에 꼭 알아야 할 기초 과정. 도안을 그린 뒤 25번 면사를 준비한다. 엄지와 검지손가락으로 실을 잡고 팔꿈치에서 10cm 정도 떨어진 지점까지 잘라 사용한다.

도안 옮기기

1 천 위에 도안을 옮길 자리를 정한 뒤 초크페이퍼를 올린다.

2 도안이나 도안을 옮긴 트레이싱페이퍼를 올린다.

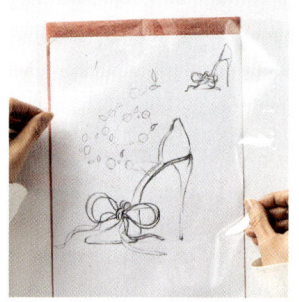

3 초크페이퍼와 도안 위에 셀로판 비닐을 놓는다.
TIP 셀로판 비닐을 올려놓고 도안을 그리면 초크페이퍼가 찢어지지 않는다.

4 천과 초크페이퍼, 트레이싱페이퍼(또는 도안), 셀로판 비닐을 셀로판 테이프로 고정한다.
TIP 시침핀 대신 셀로판 테이프를 사용하면 자국이 안 남아 깔끔하다.

5 도안을 따라 볼펜으로 꾹꾹 누르며 그린다.

수틀에 천 끼우기

1 조임쇠가 없는 원형 수틀을 천 아래에 놓는다.

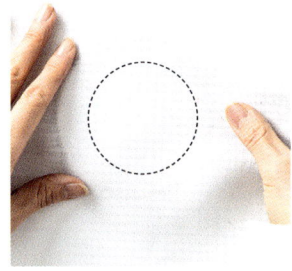

2 자수 놓을 부분을 정한다.

3 ② 위에 조임쇠가 있는 원형 수틀을 올린다.

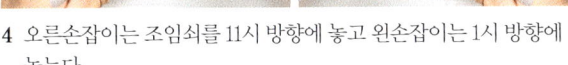

4 오른손잡이는 조임쇠를 11시 방향에 놓고 왼손잡이는 1시 방향에 놓는다.

5 천이 평평해질 정도로 조임쇠를 조인다.

실 가닥 나누기

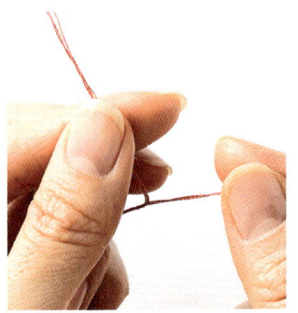

면사 자수실은 50~60cm 정도 잘라 사용한다. 여섯 가닥의 실이 한 올로 구성되어 있으니 필요한 가닥수만큼 나눠서 쓴다.

실 가닥수에 따른 자수 표현 방법	
1가닥	레터링, 작은 도안의 인체 라인
2가닥	일반적인 질감
3가닥	풍성한 표현
4가닥	선명한 모양, 뚜렷한 선
6가닥	볼륨감

실 꿰기

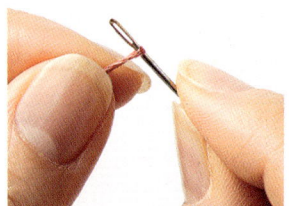 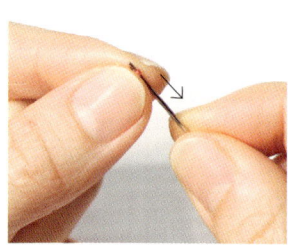 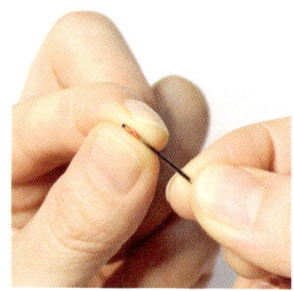

1 바늘귀에 실을 감아 접는다.　　2 ①을 그대로 뺀다.　　3 손가락으로 접힌 부분을 한 번 누른다. 바늘귀를 수평으로 놓고 접힌 부분에 꽂는다.

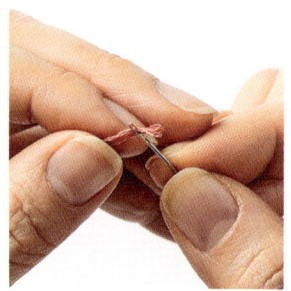

4 바늘귀를 통과시킨다.

시작하는 매듭짓기

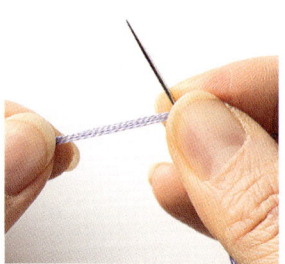 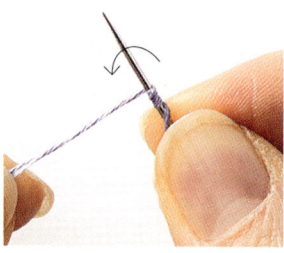 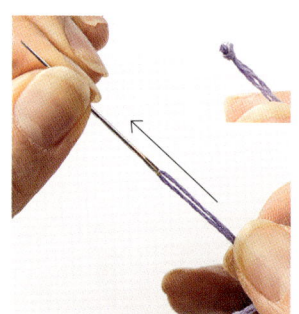

1 바늘귀에 실을 꽂는다. 실 끝부분을 바늘 중간 부분에 올린 뒤 엄지손가락으로 눌러 고정한다.　　2 바늘을 2~3회 돌려가며 실을 감는다.　　3 감긴 부분을 엄지손가락으로 눌러 고정한 뒤 바늘을 위로 뽑는다. 매듭을 확인한다.

끝 매듭짓기

1 수틀을 뒤집는다. 매듭지을 부분에서 5~6cm 떨어진 지점의 실 아래에 바늘을 놓는다.

2 바늘을 1~2회 돌려가며 실을 감는다.

3 바늘을 뽑은 뒤 실을 당겨가며 ②에서 실이 감긴 부분을 천 위에 고정한다.

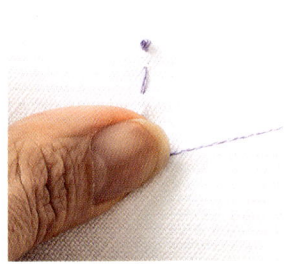

4 매듭진 부분을 엄지손가락으로 누른다.

5 실을 당겨 매듭을 고정한다.

BASiC 기초 스티치

러닝스티치   홈질과 같이 한 땀(약 0.3cm)씩 반복해 뜬다. 리넨 겉과 안에 바늘땀이 나오는 기초 스티치로 수놓을 때 땀을 당기지 않아 질감을 풍성하게 표현할 수 있다. 러닝스티치를 반복해 면을 채우는 기법을 다닝스티치라고 하며 회화적인 표현이 가능하다.

1 시작점에서 바늘을 천의 아래에서 위로 꽂아 빼낸다.

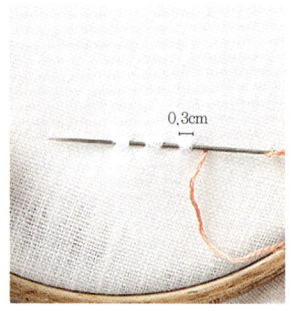
2 0.3cm 정도 떨어진 지점에 바늘을 꽂는다. ①, ②를 반복해 땀을 뜬다.

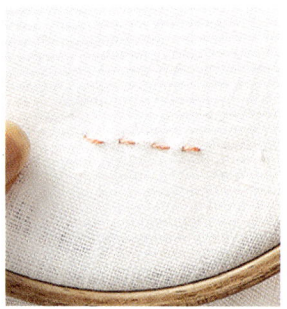
3 바늘을 뺀다. 바늘땀이 끝나는 지점에 바늘을 꽂아 빼낸다.

스트레이트 스티치   모든 스티치의 기본인 한 땀 스티치. 도안의 선을 한 땀의 바느질로 덮는 기법이다. 다른 스티치와 매치해 사용하기도 한다.

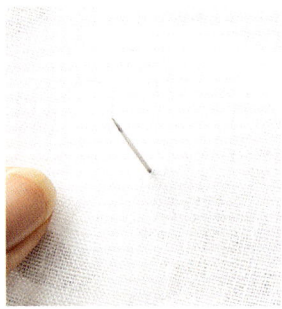
1 시작점에서 바늘을 천의 아래에서 위로 꽂는다.

2 바늘을 빼낸 뒤 한 땀을 만들어 바늘을 꽂는다.

3 바늘을 뺀 뒤 ①, ②를 반복해 수놓는다. 바늘땀이 끝나는 지점에 바늘을 꽂아 빼낸다.

아웃라인스티치   한 땀의 반씩 겹쳐가며 꼬임을 만들 듯 수놓는다. 윤곽이나 선을 표현하는 대표 스티치로 결을 살려 면을 채우기도 한다. 바늘땀의 크기에 따라 다양한 표현이 가능하다.

1 시작점에서 바늘을 천의 아래에서 위로 꽂는다.

2 바늘을 빼낸 뒤 0.3cm 정도 떨어진 지점에 바늘을 꽂는다.

3 반대 방향으로 0.15cm 정도 떨어진 지점에 다시 바늘을 꽂아 빼낸다.

4 실을 아래로 놓는다.
TIP 곡선을 표현할 때는 굴곡이 있는 방향으로 실을 올려놓고 수놓는다.

5 0.15cm 정도 떨어진 지점에 바늘을 꽂은 뒤 앞의 땀이 끝난 지점에서 바늘을 빼낸다.

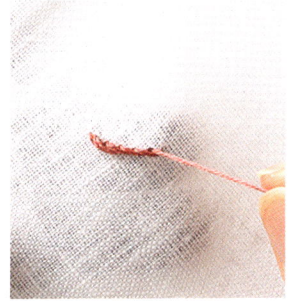
6 ④, ⑤를 반복해 꼬임을 만들어간다.

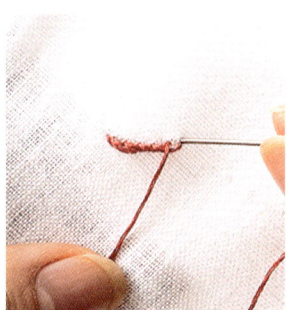
7 바늘땀이 끝나는 지점에 바늘을 꽂는다.

8 바늘을 빼낸다.

아웃라인필링 스티치

한 땀의 반을 촘촘하게 수놓아 아웃라인스티치로 면을 채우는 기법이다. 다른 기법을 믹스하지 않고 아웃라인필링스티치 질감만으로 멋스럽게 면을 채울 수 있다.

1 시작점에서 바늘을 천의 아래에서 위로 꽂는다.

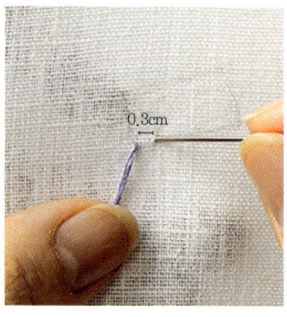

2 바늘을 빼낸 뒤 0.3cm 정도 떨어진 지점에 바늘을 꽂는다.

3 반대 방향으로 0.15cm 정도 떨어진 지점에 다시 바늘을 꽂아 빼낸다.

4 실을 아래로 놓는다.

5 0.15cm 정도 떨어진 지점에 바늘을 꽂은 뒤 앞의 땀이 끝난 지점에서 바늘을 빼낸다.

6 한 줄이 끝나면 여백 없이 ①~⑤를 반복해 결을 살려가며 면을 채운다.

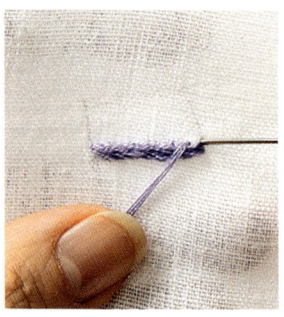

7 바늘땀이 끝나는 지점에 바늘을 꽂는다.

8 바늘을 빼낸다.

코럴스티치

입체적인 선을 표현하는 기법이다. 자수실을 바늘에 한 번 감아 매듭을 지어가며 수를 놓는다. 선을 중심으로 같은 크기의 바늘땀을 뜨는 게 포인트.

1 천에 가로로 선을 한 줄 긋는다.

2 시작점에서 바늘을 천의 아래에서 위로 꽂아 빼낸다.

3 선을 중심으로 땀의 위아래 간격이 같게 아래에서 위로 바늘땀을 뜬다.

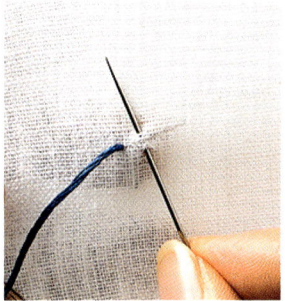

4 실을 바늘에 시계 반대 방향으로 한 바퀴 감는다.

5 바늘에 감긴 실을 엄지손가락으로 눌러 고정한다.

6 바늘을 위로 뽑는다.

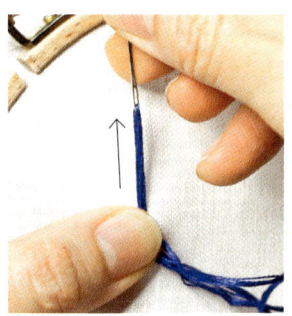

7 실 방향을 위로 놓아 매듭의 중심을 잡는다.

8 매듭이 당겨지지 않게 힘 조절을 하며 실을 선 위에 놓는다.

9 매듭의 길이와 간격을 일정하게 유지하며 ③~⑧을 반복한다. 바늘땀이 끝나는 지점에 바늘을 꽂아 빼낸다.

백스티치

박음질과 같이 뒤의 바늘땀을 먼저 만들고 앞으로 떠간다. 일정한 간격을 두며 실이 당겨지지 않게 땀을 떠야 입체적인 느낌을 표현할 수 있다. 가는 선과 디테일한 부분을 수놓을 때 사용한다.

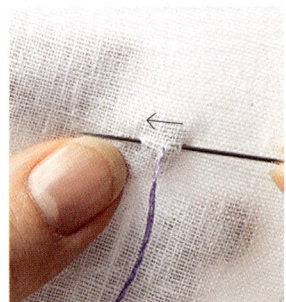

1 시작점에서 바늘을 천의 아래에서 위로 꽂는다.
2 바늘을 빼낸 뒤 한 땀을 뜬다.
3 반대 방향으로 두 땀을 뜬다.

4 ①의 시작점에 바늘을 꽂는다.
5 바늘을 빼낸 뒤 ①~④를 반복해 수놓는다. 바늘땀이 끝나는 지점에 바늘을 꽂아 빼낸다.

레이지데이지 스티치

꽃잎을 표현할 때 주로 사용하는 스티치다. 입체적인 표현을 하거나 촘촘하게 면을 채울 때 등 다양하게 활용할 수 있다.

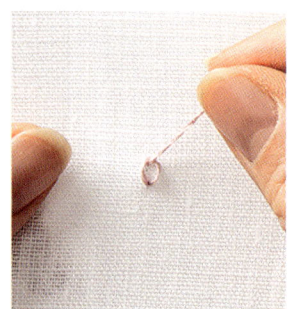

1 시작점에서 바늘을 천의 아래에서 위로 꽂아 빼낸다.
TIP 천에 미리 꽃 모양을 그려놓고 수놓아도 좋다.
2 실을 위로 놓고 시작점과 같은 위치에 바늘을 꽂은 뒤 위로 한 땀을 뜬다.
3 바늘을 빼낸 뒤 꽃잎 모양이 나올 정도로 실을 느슨하게 당긴다.

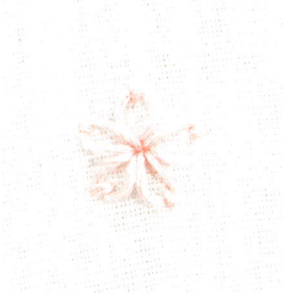

4 바늘을 수직으로 꽂아 고정한다.

5 ①~④를 반복한다. 바늘땀이 끝나는 지점에 바늘을 꽂아 빼낸다.

프렌치노트 스티치

바늘에 실을 1~3회 정도 감아 구슬 모양을 만든다. 구슬 모양을 크게 만들고 싶다면 실의 가닥수를 늘려 수놓는다. 실을 감는 횟수를 늘리면 프렌치노트 모양이 흐트러질 수 있으니 주의한다.

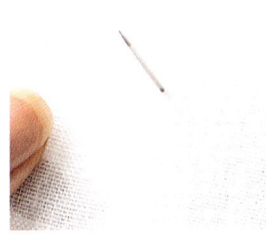
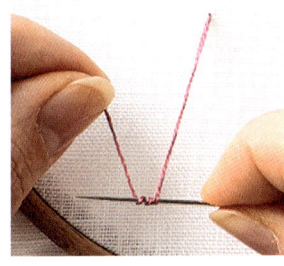

1 시작점에서 바늘을 천의 아래에서 위로 꽂아 빼낸다.

2 바늘에 실을 1~3회 감는다.

3 시작점 옆에 바늘을 수직으로 꽂는다.
TIP 구슬 모양을 크게 만들기 위해 실의 가닥수를 늘려 감았다면 시작점 옆에 충분한 여유를 두고 바늘을 꽂는다.

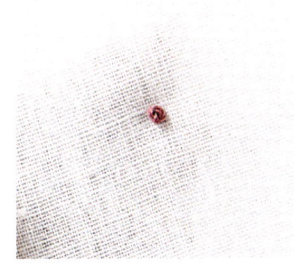

4 실을 옆으로 당겨 구슬 모양을 만든다.

5 바늘을 빼낸다.

6 ①~⑤를 반복한다.

체인스티치 스티치 모양이 체인처럼 보이는 자수법으로 레이지데이지스티치를 연결해 고리 모양을 만든다. 굵은 선이나 면을 채울 때 사용하며 입체적인 질감을 표현할 수 있다. 입체감을 풍성하게 살리고 싶다면 땀을 0.1cm 정도로 작게 떠 0.3cm 크기의 체인을 만든다.

1 시작점에서 바늘을 천의 아래에서 위로 꽂아 빼낸다.

2 실을 위로 놓고 시작점에 바늘을 꽂은 뒤 체인 크기만큼 바늘땀을 위로 뜬다.

3 바늘을 빼낸 뒤 체인 모양이 나올 정도로 실을 느슨하게 당긴다.

4 실을 위로 놓는다.

5 시작점에 바늘을 꽂고 체인의 길이와 간격을 일정하게 유지하며 바늘땀을 위로 뜬다.

6 바늘을 빼낸 뒤 체인 모양이 나올 정도로 실을 느슨하게 당긴다.

7 ②~⑥을 반복한 뒤 바늘땀이 끝나는 지점에 바늘을 꽂아 빼낸다.

**체인하트
스티치**

귀여운 하트 모양을 반쪽씩 만들어 연결하는 기법이다. 굵은 선이나 곡선을 표현하기 좋다.

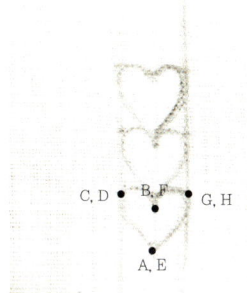

1 천에 일정한 간격으로 세로 선을 3줄 그은 뒤 하트 모양을 그린다.
TIP 천에 선과 하트 모양을 그린 뒤 수놓아야 모양이 예쁘게 완성된다.

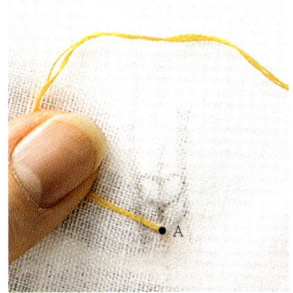

2 바늘을 천의 아래에서 위로 A에 맞춰 꽂아 빼낸다. 실을 하트 모양에 맞춰 왼쪽 위로 놓는다.

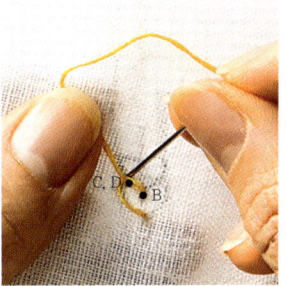

3 바늘을 B에 꽂는다. 왼쪽 대각선 방향(C)으로 바늘땀을 뜬 뒤 D에 바늘을 꽂는다.

4 바늘을 고정한 뒤 E에서 빼낸다.

5 실을 하트 모양에 맞춰 오른쪽 위로 놓은 뒤 바늘을 F에 꽂는다. 오른쪽 대각선 방향(G)으로 바늘땀을 뜬다.

6 ②~⑤을 반복한 뒤 바늘땀이 끝나는 지점에 바늘을 꽂아 빼낸다.

링스티치

동그란 고리 모양을 만드는 스티치다. 원하는 크기만큼 바늘땀을 위로 뜬 뒤 실을 시계 방향으로 감아 고정한다. 바늘땀 크기가 원의 지름이 된다. 구슬이나 원형 오너먼트, 꽃을 표현하기에 좋다.

1 바늘을 천의 아래에서 위로 꽂아 빼낸다.

2 시작점 왼쪽에서 만들고 싶은 링 크기의 2/3 정도로 첫 땀을 뜬다.

3 실을 바늘에 원하는 크기만큼 시계 방향으로 감는다.

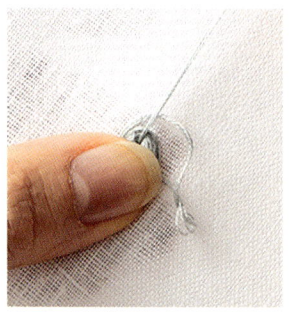

4 엄지손가락으로 링 모양을 누른다. 오른쪽에 실의 여유를 남기고 바늘을 위로 뽑는다.

5 링 위쪽에 바늘을 수직으로 꽂는다.

6 ⑤에서 남긴 실의 여유를 유지한 채로 링 아래쪽에서 바늘을 꽂아 빼낸다.

7 여유로 남긴 실에 바늘을 넣는다.

8 엄지손가락으로 링을 눌러 고정하며 실을 당긴다.

9 링 아래쪽에서 바늘을 꽂아 빼낸다.

우븐피콧스티치 프랑스 자수의 대표적인 입체 자수법으로 주로 꽃잎과 나뭇잎을 수놓는다. 시침핀이나 바늘로 중심을 잡고 꽃잎 모양을 만든다. 꽃잎 끝에 꼬리가 달리지 않게 중심선을 바깥라인 안으로 넣어주는 게 포인트. 중간에 매듭을 지을 수 없으니 실은 꽃잎 하나를 완성할 수 있을 정도(약 60cm)로 넉넉하게 잘라 사용한다.

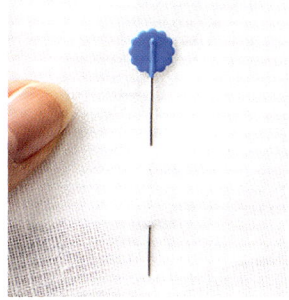
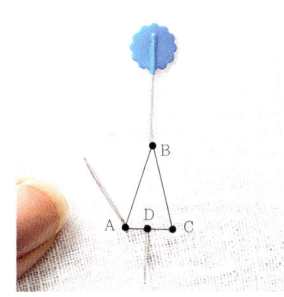
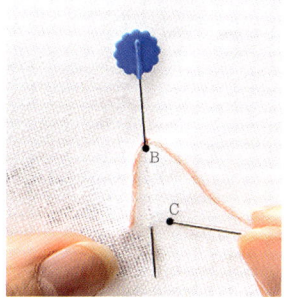

1 꽃잎 중심에 시침핀을 꽂는다.

2 시침핀을 중심으로 A에서 바늘을 빼낸다.

3 시침핀 위쪽(B)에 실을 걸고 C에 바늘을 꽂는다.

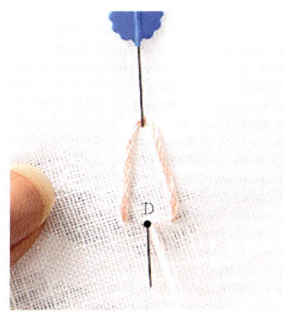

4 D에서 바늘을 뽑는다.

5 실을 B에 걸어 기준선을 만든다. 이때 외곽선 안쪽으로 실이 들어오게 해야 꽃잎 끝에 꼬리가 생기지 않는다.

6 가운데 실 아래를 통과한다.

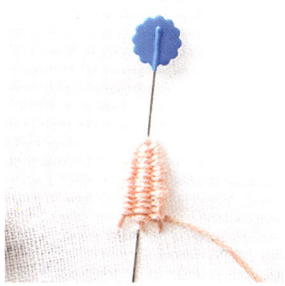
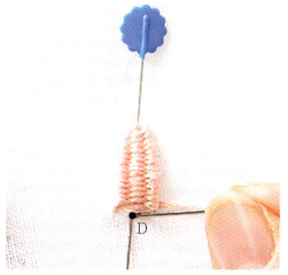

7 테두리선 아래를 통과한다.

8 ⑥, ⑦을 반복한다.

9 D에 바늘을 꽂아 빼낸 뒤 시침핀을 뽑는다.

블랭킷스티치   자수땀을 촘촘히 붙여가며 놓는 테두리 기법이다. 담요 가장자리를 감칠할 때 사용하는 기법으로 여러 자수 소품을 만들 때 다양하게 활용한다.

1 천에 가로선을 긋는다.

2 시작점에서 바늘을 천의 아래에서 위로 꽂아 빼낸다. 실을 아래로 놓는다.

3 바늘을 선의 위에서 아래로 넣으며 땀을 뜬다.

4 길이와 간격을 일정하게 유지하며 ②, ③을 반복한다.
TIP 실을 90도로 들어 땀을 뜨면 더욱 입체적으로 표현할 수 있다.

5 바늘땀이 끝나는 지점에 바늘을 꽂아 빼낸다.

스미르나스티치   카펫처럼 볼륨감 있는 질감을 표현할 수 있어 털옷이나 풍성한 꽃을 표현할 때 사용한다. 한 땀의 반씩 떠가는 반박음질을 일정한 길이로 반복한다.

1 천에 원을 그린다. 시작점에서 바늘을 천의 아래에서 위로 꽂아 빼낸다.

2 실을 위로 놓은 뒤 한 땀의 1/2 지점에서 바늘땀을 뜬다.

3 바늘을 빼낸 뒤 입체감 있는 반원이 만들어질 정도로만 실을 잡아당긴다.

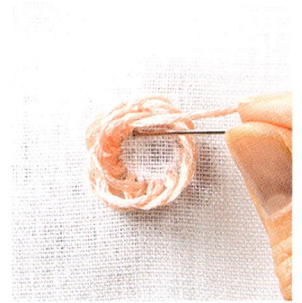

4 시계 방향으로 진행하며 한 땀 반을 반복해 원 안을 채워간다.

5 바늘땀이 끝나는 지점에 바늘을 꽂아 빼낸다.

헤링본스티치 흔히 알고 있는 손바느질 중 새발뜨기를 응용한 스티치다. 일정한 간격으로 같은 땀을 한 번씩 반복하며 사선 방향의 선을 만든다. 면 채우기에 적당한 기법으로, 헤링본스티치 위에 다른 컬러로 헤링본스티치를 한 번 더 겹쳐 뜨는 더블헤링본스티치로 응용할 수 있다.

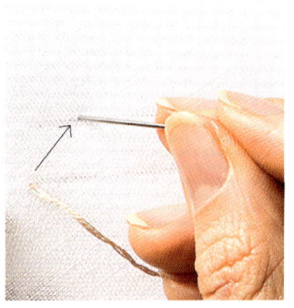

1 가로선을 2줄 그린다. 시작점에서 바늘을 천의 아래에서 위로 꽂아 빼낸 뒤 오른쪽 사선 위쪽에 바늘을 꽂는다.

2 왼쪽으로 0.3cm 정도 땀을 뜬다.

3 오른쪽 사선 아래에 바늘을 꽂는다.

4 왼쪽으로 0.3cm 정도 땀을 뜬다.

5 ①~④를 반복한다.

6 오른쪽 사선 아래에서 바늘을 꽂아 빼낸다.

블리온스티치 입체적이고 볼륨감 있는 꽃을 수놓을 때 사용하는 스티치로 만들고자 하는 꽃 모양에 따라 블리온데이지스티치와 블리온로즈스티치를 선택할 수 있다. 또 바늘 굵기와 실 가닥수에 따라 다양한 느낌을 연출할 수 있다. 입체감을 더 강조하고 싶다면 굵은 바늘을 사용한다.

블리온데이지 스티치 레이지데이지스티치의 방식으로 실을 바늘에 감아 볼륨감 있게 표현하는 기법이다. 바늘에 실을 감아 뽑은 뒤 아래에 감긴 자수실을 모아주듯 가지런히 정리하는 게 포인트.

1 시작점에서 바늘을 천의 아래에서 위로 꽂아 빼낸다.

2 시작점 바로 옆에 0.1cm 정도 바늘땀을 뜬다.

3 바늘에 실을 24~28회 정도 감는다.

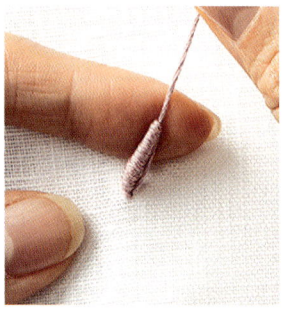

4 감은 실을 잡아 고정한 뒤 바늘을 뽑아 가지런히 정리한다.
TIP 바늘을 뽑은 뒤 실을 아래로 밀며 가지런히 정리하면 볼륨감이 생긴다.

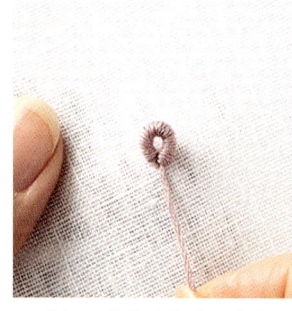

5 실을 끝까지 당겨 링 모양을 만든다.

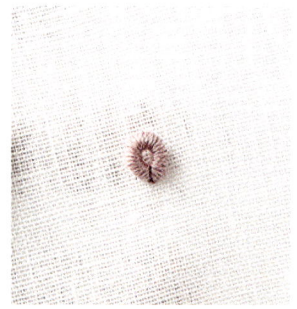

6 시작점에 바늘을 넣은 뒤 레이지데이지스티치처럼 고정한다. (page 68)

블리온로즈
스티치

중심에 꽃잎 2개를 만든 뒤 중심을 감싸가며 꽃잎을 만드는 기법이다. 자수실을 바늘에 감아가며 장미 모양을 완성한다.

1 시작점에서 바늘을 천의 아래에서 위로 꽂아 빼낸 뒤 꽃잎 길이만큼 바늘땀을 뜬다.

2 바늘땀 길이에 맞춰 바늘에 실을 10회 감는다.

3 바늘을 뽑아 감은 실을 고르게 맞춘 뒤 천에 밀착시켜 같은 지점에 바늘을 넣는다.

4 ①~③을 반복해 스티치를 하나 더 만든다.

5 꽃잎 모양을 만들 듯 중심을 감싸가며 바늘땀을 뜬다.

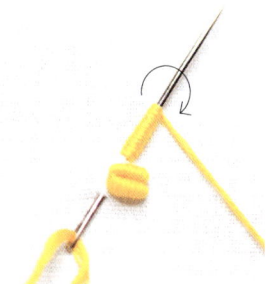

6 바늘에 실을 시계 방향으로 12회 감는다.

7 바늘을 뽑아 감은 실을 고르게 맞춘 뒤 천에 밀착시켜 같은 지점에 바늘을 넣고 다음 꽃잎을 뜬다.

8 ⑤~⑦을 2~3회 정도 반복해 꽃잎 모양을 만든다.

9 다시 중심에서 두 바퀴를 수놓아 꽃 한 송이를 만들고 꽃잎 안쪽에 바늘을 넣은 뒤 빼내 완성한다.
TIP 꽃잎 안쪽에 바늘을 넣으면 깔끔하게 마무리할 수 있다.

캐스트온스티치 '뜨개질의 시작'이란 뜻. 중심은 블리온데이지스티치로, 꽃잎은 블리온로즈스티치로 만들어간다. 중심은 실을 10회 감고 꽃잎은 12~13회 감는 게 포인트. 블리온스티치와 같은 방법으로 바늘땀을 뜬 뒤 바늘에 뜨개코를 만들어간다. 입체적이고 정교한 느낌을 표현하고 싶을 때 사용한다.

1 시작점에서 바늘을 천의 아래에서 위로 꽂아 빼낸다.

2 0.1cm 정도 바늘땀을 뜬다.

3 세 손가락으로 실을 잡는다.

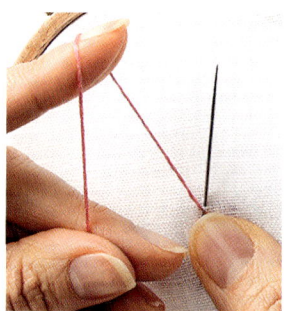

4 집게손가락을 편다.

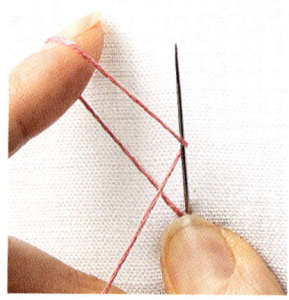

5 바늘에 실을 건다.

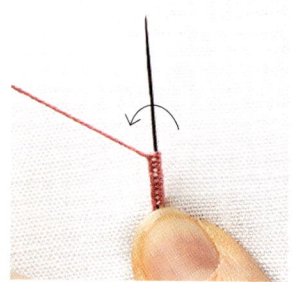

6 실을 바늘에 10회 감는다.
TIP 바늘 기둥이 보이지 않게 촘촘히 감아야 꽃잎의 끝이 정교하다.

7 바늘을 빼낸 뒤 시작점에 넣어 중심을 만든다.

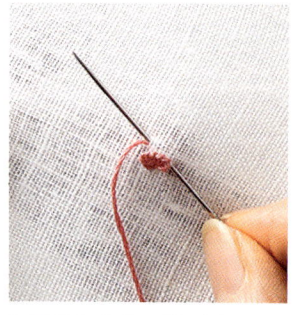

8 중심을 감싸는 바늘땀을 사선으로 뜬다.

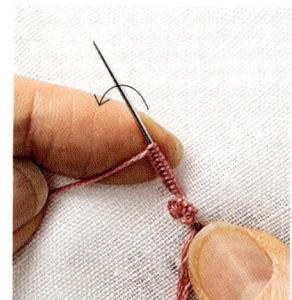

9 실을 바늘에 12회 감는다.

10 바늘땀이 끝나는 지점에 바늘을 꽂아 빼낸다.

11 꽃잎이 사선으로 겹쳐지게 바늘땀을 뜬다. 중심을 감싸며 사선으로 꽃잎을 만들어가는 게 중요하다.

12 ⑨~⑪을 반복하여 꽃잎을 만든다.

스플릿스티치 실을 갈라가며 수놓는다. 같은 컬러를 가르기도 하고 두 가지 컬러를 가르기도 한다. 체인스티치와 모양은 비슷하나 볼륨이 더욱 풍성하다. 눈 쌓인 겨울나무나 땋은 머리를 표현할 때 사용한다.

1 시작점에서 바늘을 천의 아래에서 위로 꽂아 빼낸 뒤 실을 두 가닥으로 가른다.

2 엄지와 집게손가락으로 한 가닥씩 눌러 고정한다. 한 땀 반 떨어진 지점에 바늘을 꽂은 뒤 빼낸다.

3 실을 오른쪽에 놓아 모양을 만든다.

4 길이와 간격을 일정하게 유지하며 ②, ③을 반복한다.

5 바늘땀이 끝나는 지점에 바늘을 꽂는다.

6 바늘을 빼낸다.

스파이더웹로즈 스티치

거미줄 모양의 선 위에 실을 교차해 장미꽃 모양을 표현하는 스티치다. 홀수의 선을 거미줄 모양으로 수놓은 뒤 선을 교차해가며 엮어가는 방법이다. 기본선은 5개나 7개로 하되, 교차하는 실을 당기는 정도에 따라 다양한 입체감을 표현할 수 있다.

1 그림과 같이 천에 수성펜으로 원과 중심선 5개를 그린다.

2 중심선에 스트레이트스티치를 놓는다.

3 원의 중심에서 바늘을 빼낸다.

4 중심선의 위아래를 교차해 땀을 뜬다.

5 원의 테두리까지 촘촘하게 뜬다.

6 거미줄이 보이지 않을 만큼 실을 감은 뒤 바늘을 꽂아 마무리한다.

크로스스티치

십자수에서 쓰이는 X(엑스) 모양의 기법을 말한다. 시작점을 아래에 두고, X자 모양을 반복해가는 스티치로 주로 면을 채울 때 사용한다.

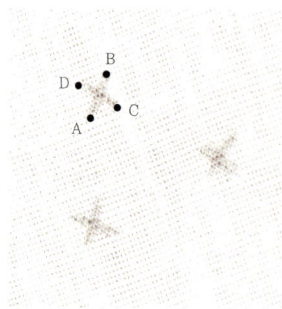

1 천에 X 모양을 그린다.

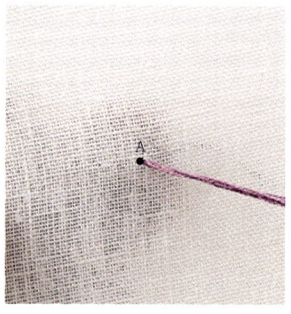

2 A에서 바늘을 천의 아래에서 위로 꽂아 빼낸다.

3 바늘을 B에 넣고 C로 빼낸 뒤 다시 D에 넣는다.

4 ②, ③을 반복한다.

5 바늘땀이 끝나는 지점에 바늘을 꽂아 빼낸다.

플라이스티치 대문자 Y 모양을 수놓는 기법으로 작은 곤충이 날개를 펼치고 날아가는 모양을 본떠 만들었다. 꽃의 줄기나 잎, V 모양을 표현하기 좋다.

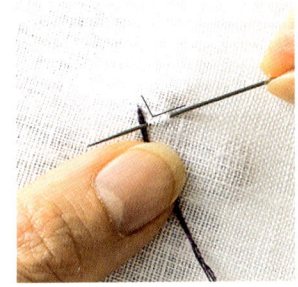

1 시작점에서 바늘을 천의 아래에서 위로 꽂아 빼낸다.

2 실과 바늘이 V 모양이 되도록 오른쪽에서 한 땀 뜬다. 이때 실은 바늘 아래에 놓는다.

3 A에 바늘을 꽂은 뒤 왼쪽 사선 방향으로 한 땀 뜬다. 이때 실은 바늘 아래에 놓는다.

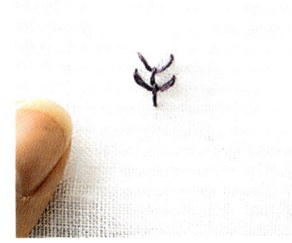

4 ②에서 만든 V자 모양에 맞춰 A에서 바늘이 나오게 한 땀 뜬다.

5 ③, ④를 반복한다.

6 바늘땀이 끝나는 지점에 바늘을 꽂아 빼낸다.

페더스티치 깃털 모양으로 수놓는 스티치다. 플라이스티치의 응용법으로 기준선을 중심으로 Y자 모양을 연결해나간다. 선이나 식물의 줄기를 표현할 때 사용한다.

1 시작점에서 바늘을 천의 아래에서 위로 꽂아 빼낸다.

2 오른쪽에서 실과 바늘이 V 모양이 되도록 한 땀 뜬다. 이때 실은 바늘 아래에 놓는다.

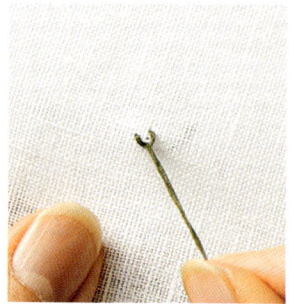

3 바늘을 빼낸다. 실을 아래로 당기지 않는다.

4 실을 왼쪽 사선 방향으로 놓고 한 땀 뜬다. 실은 바늘 아래에 놓는다.

5 바늘을 빼낸다.

6 ④, ⑤를 반복하며 모양을 만든다.

7 바늘땀이 끝나는 지점에 바늘을 꽂아 빼낸다.

크레탄스티치

페더스티치를 여백 없이 수놓는 기법이다. 나뭇잎을 표현하거나 선, 면을 채울 때 사용한다. 스티치 간격을 일정하게 유지하며 수놓는 게 포인트.

1 천에 잎 모양을 그린다.

2 중심선 윗부분에서 바늘을 천의 아래에서 위로 꽂아 빼낸다.

3 잎의 오른쪽에서 중심선을 향해 촘촘하게 사선으로 바늘을 꽂아 빼낸다.

4 잎의 왼쪽에서 중심선을 향해 촘촘하게 사선으로 바늘을 꽂아 빼낸다.

5 ③~④를 반복하며 잎을 채운다.

6 중심선에서 바늘을 꽂는다.

7 바늘을 빼낸다.

BASiC # 자수실 보관 및 리넨 세탁 방법

자수실은 보빈에 감아 채도별로 나눈 뒤 컬러가 보이게 실통에 눕혀놓는다. 실통은 직사광선을 피해 보관한다.

면사는 세탁하거나 삶아도 된다. 레드 컬러 면사는 뜨거운 물에 세탁할 경우 물 빠짐 현상이 있으니 손세탁하는 게 좋다.

손세탁 후 비틀어 짜지 않는다. 천의 결과 자수가 상할 수 있으니 타월에 감싸 가볍게 누르면서 물기를 제거한다.

새 천은 수축되거나 오염돼 있을 수 있으니 세탁해서 사용한다. 수를 완성한 후에는 수가 상하지 않게 살살 비벼가며 손세탁한다.

다림질은 천의 뒷면에서 한다. 앞면에서 다림질하면 자수가 눌려 입체감이 사라질 수 있다. 손세탁한 뒤 물기만 짠 상태로 타월이나 두툼한 천 위에 펼쳐서 건조하면 다림질한 것처럼 깔끔하고 빳빳해진다.

HOW TO MAkE 도안과 과정

kneader
• how to make 88 •

picnic basket
• how to make 90 •

flower
• how to make 92 •

flower
• how to make 94 •

bouquet
• how to make 96 •

swan
• how to make 98 •

swan
• how to make 100 •

picnic sunshade
• how to make 102 •

flower wagon
• how to make 104 •

bicycle
• how to make 106 •

shoes
• how to make 108 •

apron
• how to make 110 •

* 도안은 원하는 사이즈로 확대하거나 축소해서 수놓아도 좋습니다.

apron
· *how to make* 112 ·

cafe
· *how to make* 114 ·

flower basket
· *how to make* 116 ·

garden
· *how to make* 118 ·

coffee mill
· *how to make* 120 ·

spence
· *how to make* 122 ·

veil
· *how to make* 124 ·

her back
· *how to make* 126 ·

coffee cup & macaron
· *how to make* 128 ·

wedding
· *how to make* 130 ·

kitchen
· *how to make* 132 ·

brunch
· *how to make* 134 ·

kneader

아웃라인스티치로 반죽기를 수놓은 뒤 체인스티치로 컵케이크를 만든다.
초코칩은 코럴스티치로 형태를 잡고 그 위에 일정한 간격으로 삼각형 모양의
체인스티치를 수놓아 울퉁불퉁한 느낌을 준다.

실 번호　스티치

① ECRU(3)　아웃라인스티치(바깥쪽)
② 169(3)　아웃라인스티치(안쪽)
③ 169(3)　아웃라인필링스티치
④ 3799(3)　아웃라인스티치
⑤ 437(3)　아웃라인스티치
⑥ 3799(2)　아웃라인스티치
⑦ 3799(6)　러닝스티치
⑧ ECRU(3)　백스티치
⑨ 317(3)　아웃라인스티치
⑩ 317(3)　아웃라인필링스티치
⑪ 318(3)　백스티치
⑫ 3727(6)　체인스티치
⑬ 3727(6)　스트레이트스티치
⑭ 938(3)　아웃라인스티치
⑮ 3328(3)　레이지데이지스티치
⑯ 938(6)　코럴스티치
⑰ 3861(3)　체인스티치(삼각형 모양으로 수놓는다.)
⑱ 1300(3)　아웃라인스티치

picnic basket

아웃라인과 아웃라인필링스티치로 바구니와 바구니 속 오브제를 수놓는다. 바구니 뚜껑 테두리와 손잡이는 아웃라인스티치를 한 뒤 스트레이트스티치로 채워 결을 표현한다. 프렌치노트스티치를 둥글게 촘촘히 채워 꽃송이를 만든다.

실 번호   **스티치**

① 869(3)   아웃라인스티치
② 869(3)   스트레이트스티치
③ 838(3)   아웃라인스티치
④ 927(3)   아웃라인스티치
⑤ 927(3)   프렌치노트스티치(1회 감기)
⑥ 500(3)   아웃라인스티치
⑦ 370(3)   아웃라인스티치
⑧ 838(3)   아웃라인필링스티치
⑨ 3808(3)   아웃라인필링스티치
⑩ 814(3)   백스티치

⑪ 370(3)   백스티치
⑫ 3832(3)   아웃라인스티치
⑬ 838(3)   아웃라인스티치
⑭ 814(3)   아웃라인필링스티치
⑮ 327(3)   링스티치
⑯ 3862(3)   아웃라인스티치
⑰ 680(3)   아웃라인필링스티치
⑱ 4500(3)   아웃라인스티치
⑲ 469(3)   아웃라인스티치
⑳ 165(3)   아웃라인스티치

㉑ 905(3)   아웃라인스티치
㉒ 165(3)   프렌치노트스티치(중심, 3회 감기)
     721(3)   프렌치노트스티치(3회 감기)
     350(3)   프렌치노트스티치(3회 감기)
㉓ 760(3)   프렌치노트스티치(중심, 3회 감기)
     3354(3)   프렌치노트스티치(3회 감기)
     818(3)   프렌치노트스티치(3회 감기)
㉔ 단추를 달아 마무리한다.

flower

울사(애플톤)로 수놓는 크루엘 자수를 응용해 꽃을 입체적이고 풍성하게 표현한다. 한 가지 색으로 수놓아도 매력적이다.

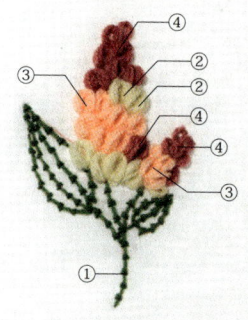

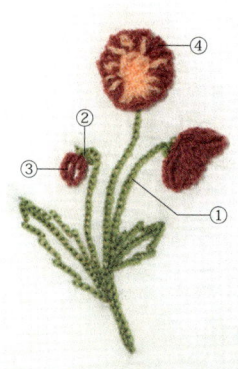

실 번호   **스티치**

왼쪽
① 548(1)   체인스티치
② 543(1)   체인스티치
③ 103(1)   체인스티치
④ 752(1)   프렌치노트스티치(3회 감기)

가운데
① 543(1)   체인스티치
② 543(1)   레이지데이지스티치
③ 755(1)   스미르나스티치
④ 621(1)   스미르나스티치

오른쪽
① 403(2)   코럴스티치
② 331A(1)   링스티치
③ 621(1)   링스티치
④ 755(1)   링스티치

flower

실 번호　스티치

위
① 548(1)　아웃라인스티치
② 548(1)　레이지데이지스티치
③ 403(1)　스미르나스티치
④ 623(1)　블랭킷스티치
⑤ 621(1)　프렌치노트스티치(3회 감기)

아래
① 403　　체인스티치
② 403　　아웃라인필링스티치
③ 548(1)　스미르나스티치
④ 331A(1)　캐스트온스티치(10회 감기)
　 752(1)　캐스트온스티치(10회 감기)
두 컬러를 반복하며 아래에서 위쪽으로 꽃잎을 만들어간다.

bouquet

스파이더웹로즈스티치로 꽃잎을 표현한 뒤 진주와 비즈를 달았다.
리본은 테두리를 먼저 수놓고 아웃라인필링스티치로 채운다.

실 번호 스티치

① 3863(3)　아웃라인스티치
② 3042(3)　아웃라인필링스티치
③ 3832(3)　아웃라인스티치
④ 3833(3)　아웃라인스티치
⑤ 3887(3)　아웃라인스티치
⑥ 316(3)　아웃라인스티치
⑦ 210(3)　아웃라인스티치
⑧ 3774(3)　아웃라인스티치
⑨ 963(3)　아웃라인스티치
⑩ 3774(3)　스파이더웹로즈스티치
⑪ 3747(3)　스파이더웹로즈스티치
⑫ 3354(3)　스파이더웹로즈스티치
⑬ 580(3)　아웃라인스티치
⑭ 840(3)　아웃라인스티치
⑮ 580(3)　레이지데이지스티치
⑯ 3863(3)　아웃라인스티치
⑰ 비즈와 진주를 달아 마무리한다.

swan

뒤의 바늘땀을 먼저 만들고 앞으로 떠가는 백스티치를 여섯 가닥으로 수놓는다. 기본 스티치만 사용해 초보자도 쉽게 완성할 수 있다. 한 땀 한 땀 당김 없이 자수땀이 놓이도록 수놓는다.

실 번호 　스티치

① 597(6)　　백스티치
② 840(6)　　백스티치
③ 317(2)　　스트레이트스티치
④ 327(6)　　백스티치
⑤ 160(6)　　백스티치
⑥ 3747(6)　 백스티치
⑦ 522(6)　　백스티치
⑧ 613(6)　　백스티치
⑨ 372(6)　　백스티치
⑩ 3042(4)　 프렌치노트스티치(3회 감기)
⑪ 4506(4)　 아웃라인스티치

swan

실 번호	스티치
① 341(6)	백스티치
② 352(6)	백스티치
③ 317(2)	스트레이트스티치
④ 744(6)	백스티치
⑤ ECRU(6)	백스티치
⑥ 580(6)	백스티치
⑦ 471(6)	백스티치
⑧ 580(3)	백스티치
⑨ 504(3)	프렌치노트스티치
⑩ 352(3)	백스티치
⑪ 3832(3)	백스티치
⑫ 580(3)	백스티치
⑬ 471(3)	백스티치

picnic sunshade

아웃라인스티치로 양산을 수놓은 뒤 캐스트온스티치로 꽃을 만든다. 캐스트온스티치로 꽃잎을 섬세하게 표현하기 위해서는 바늘에 감는 실의 간격을 좀 촘촘하게 만드는 게 중요하다.

실 번호　스티치

① 819(4)　아웃라인스티치
② 760(2)　아웃라인스티치
③ 224(3)　아웃라인스티치
④ 819(2)　아웃라인필링스티치
⑤ 3838(3)　아웃라인스티치
⑥ 3838(3)　백스티치
⑦ 964(2)　아웃라인스티치
⑧ 733(2)　아웃라인스티치
⑨ 580(2)　아웃라인스티치
⑩ 760(3)　캐스트온스티치(중심, 10회 감기)
　　3713(3)　캐스트온스티치(13회 감기)
　　3865(3)　캐스트온스티치(15회 감기)
⑪ 352(3)　캐스트온스티치(중심, 10회 감기)
　　3865(3)　캐스트온스티치(15회 감기)
⑫ 352(3)　캐스트온스티치(중심, 10회 감기)
　　353(3)　캐스트온스티치(13회 감기)
　　819(3)　캐스트온스티치(15회 감기)
⑬ 352(3)　캐스트온스티치(중심, 10회 감기)
　　819(3)　캐스트온스티치(13회 감기)

flower wagon

아웃라인스티치를 중심으로 스파이더웹로즈·스미르나스티치와 같은 입체 자수 기법으로 꽃을 표현한다. 스미르나스티치로 꽃잎을 채울 때 원을 따라 밖에서 안으로 수놓으며 모양을 만든다. 꽃잎의 높이를 0.3cm 정도 유지하는 게 포인트. 체인하트스티치로 부드러운 곡선을 살린다.

실 번호	스티치
① 434(3)	아웃라인스티치
② 434(3)	백스티치
③ 3803(3)	아웃라인스티치
④ 155(3)	아웃라인스티치
⑤ 761(3)	아웃라인스티치
⑥ 3346(3)	아웃라인스티치
⑦ 3011(3)	아웃라인스티치
⑧ 3078(4)	스미르나스티치
⑨ 898(3)	아웃라인스티치
⑩ 504(3)	아웃라인필링스티치
⑪ 4220(2)	아웃라인필링스티치
⑫ 598(3)	페더스티치
⑬ 761(3)	페더스티치
⑭ 3325(3)	아웃라인스티치
⑮ 3325(3)	아웃라인필링스티치
⑯ 3849(3)	체인하트스티치
⑰ 598(3)	체인하트스티치
⑱ 755(3)	체인하트스티치
⑲ B5200(3)	체인하트스티치
⑳ 721(3)	스파이더웹로즈스티치(거미줄 9개)
350(3)	스파이더웹로즈스티치(거미줄 9개)
㉑ 721(3)	스파이더웹로즈스티치(거미줄 7개)
㉒ 350(3)	스파이더웹로즈스티치(거미줄 5개)
㉓ 3078(3)	스파이더웹로즈스티치(거미줄 5개)
㉔ B5200(3)	스파이더웹로즈스티치(거미줄 5개)
㉕ 760(3)	스파이더웹로즈스티치(거미줄 5개)
㉖ 3824(3)	스파이더웹로즈스티치(거미줄 5개)
㉗ 761(3)	스파이더웹로즈스티치(거미줄 5개)
㉘ 816(3)	스파이더웹로즈스티치(거미줄 5개)
㉙ 3894(3)	아웃라인스티치

bicycle

아웃라인스티치로 자전거의 형태를 잡은 뒤 면을 채운다. 바구니는 브라운 계열의 실을 사용해 체인스티치로 채운다. 꽃은 레이지데이지와 블랭킷스티치로 수놓는데 블랭킷스티치를 만들 때는 실을 위로 들며 땀을 만들어가면 자수가 더욱 풍성하고 섬세해진다.

실 번호   스티치

① 645(3)   아웃라인스티치
② 168(3)   아웃라인스티치
③ 739(3)   아웃라인필링스티치
④ 645(3)   아웃라인필링스티치
⑤ 3766(3)   아웃라인필링스티치
⑥ 168(3)   아웃라인스티치
　 3766(3)   아웃라인스티치
　 실을 각각 한 줄씩 수놓아 두 줄을 만든다.
⑦ 3863(3)   아웃라인필링스티치

⑧ 1390(3)   체인스티치
⑨ 727(3)   블랭킷스티치
⑩ 819(3)   블랭킷스티치
⑪ 3733(3)   블랭킷스티치
⑫ 163(3)   페더스티치
⑬ 163(3)   아웃라인스티치
⑭ 163(3)   레이지데이지스티치
⑮ 732(2)   레이지데이지스티치
⑯ 799(3)   아웃라인스티치

⑰ 3747(3)   아웃라인필링스티치
⑱ 754(3)   블랭킷스티치
⑲ 352(3)   블랭킷스티치
⑳ 760(3)   캐스트온스티치(중심, 10회 감기)
　 739(3)   캐스트온스티치(13회 감기)
㉑ 352(3)   캐스트온스티치(중심, 10회 감기)
　 754(3)   캐스트온스티치(13회 감기)
㉒ 3835(2)   캐스트온스티치(중심, 10회 감기)
　 754(3)   캐스트온스티치(13회 감기)

shoes

아웃라인스티치로 형태를 만들고 아웃라인필링스티치로 면을 채운다. 뒤꿈치는 체인스티치로 수놓아 앞부분과 다른 질감을 표현한다. 아웃라인필링스티치로 곡선을 만들 때는 도안을 따라 일정한 간격으로 촘촘하게 수놓아야 연결이 자연스럽다.

실 번호	스티치
① 3740(3)	아웃라인스티치
② 761(3)	아웃라인필링스티치
③ 3770(3)	아웃라인필링스티치
④ 3834(3)	체인스티치
⑤ 3834(3)	아웃라인필링스티치
⑥ 760(3)	아웃라인필링스티치
⑦ 452(3)	아웃라인스티치
⑧ 3042(3)	아웃라인스티치

⑨ 761(3)　캐스트온스티치
　760(3)　캐스트온스티치
　꽃 중심은 실을 10회→12회→13회 순서로 감아 표현한다.
⑩ 3770(3)　캐스트온스티치
　761(3)　캐스트온스티치
　꽃 중심은 실을 10회→12회→13회 순서로 감아 표현한다.
⑪ 비즈를 달아 마무리한다.

apron

아웃라인스티치 위에 스파이더웹로즈·스트레이트·레이지데이지·크로스 스티치로 포인트를 준다. 하트 모양 주머니는 아웃라인필링스티치로 형태를 잡은 뒤 윗부분에 플라이스티치를 수놓아 레이스처럼 표현한다. 꽃잎은 블랭킷스티치를 일정한 간격으로 연결해 만든다.

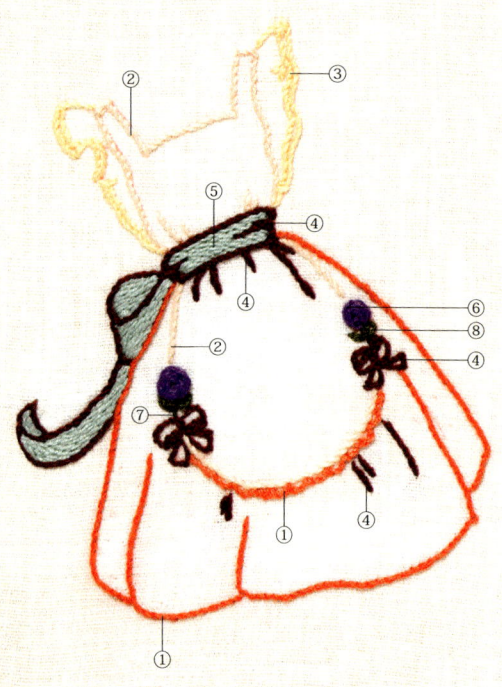

실 번호	스티치

왼쪽
① 350(3) 아웃라인스티치
② 951(3) 아웃라인스티치
③ 744(3) 아웃라인스티치
④ 814(3) 아웃라인스티치
⑤ 3813(3) 아웃라인필링스티치
⑥ 3387(3) 스파이더웹로즈스티치
   거미줄 5개를 만든 뒤 위아래로 감는다.
⑦ 814(2) 아웃라인스티치
⑧ 814(2) 레이지데이지스티치

오른쪽
① 3807(3) 아웃라인스티치
② 3712(3) 아웃라인필링스티치
③ 3819(3) 아웃라인스티치
④ 744(3) 아웃라인스티치
⑤ 744(2) 레이지데이지스티치
⑥ 3819(3) 크로스스티치
   3807(3) 크로스스티치

apron

실 번호   스티치

왼쪽
① 3804(3)   아웃라인스티치
② 598(3)   아웃라인스티치
③ 3042(3)   아웃라인필링스티치
④ 340(3)   아웃라인필링스티치
⑤ 3042(3)   아웃라인스티치
⑥ 3042(3)   체인스티치
⑦ 814(3)   스트레이트스티치
⑧ 469(3)   아웃라인스티치
⑨ 469(3)   레이지데이지스티치

오른쪽
① 904(3)   아웃라인스티치
② 316(3)   아웃라인스티치
③ 158(3)   아웃라인스티치
④ 351(3)   아웃라인필링스티치
⑤ 351(3)   블랭킷스티치
⑥ 744(6)   프렌치노트스티치(1회 감기)
⑦ 472(2)   아웃라인필링스티치
⑧ 472(3)   아웃라인스티치
⑨ 500(3)   체인스티치
⑩ 743(3)   아웃라인스티치

cafe

크고 작은 링스티치로 꽃을 표현하고 바구니는 블랭킷스티치로 수놓는다.
블리온스티치로 디저트를 만든 후 이니셜은 맨 마지막에 뜬다.

실 번호　스티치

① 1390(3)　아웃라인스티치
② 1390(3)　블랭킷스티치
③ 317(3)　아웃라인스티치
④ 927(3)　아웃라인필링스티치
⑤ 927(3)　아웃라인스티치
⑥ 3813(3)　아웃라인스티치
⑦ 3042(3)　아웃라인필링스티치
⑧ 3727(3)　아웃라인필링스티치
⑨ 3826(2)　아웃라인필링스티치
⑩ 3807(3)　블랭킷스티치
⑪ 335(3)　블리온스티치(10회 감기)
　 386(3)　블리온스티치(10회 감기)
⑫ 597(3)　아웃라인필링스티치
⑬ 842(2)　아웃라인스티치
⑭ 938(3)　아웃라인필링스티치
⑮ 938(3)　아웃라인스티치
⑯ 3883(3)　아웃라인스티치
⑰ 3772(3)　아웃라인스티치
⑱ 3772(2)　레이지데이지스티치
⑲ 168(3)　아웃라인스티치
⑳ 3861(3)　아웃라인스티치

㉑ 3861(3)　아웃라인필링스티치
㉒ 842(3)　아웃라인스티치
㉓ 746(3)　아웃라인스티치
㉔ 336(3)　아웃라인스티치
㉕ 3813(3)　레이지데이지스티치
㉖ 580(3)　페더스티치
㉗ 370(3)　아웃라인스티치
㉘ 580(3)　아웃라인스티치
㉙ 3713(3)　링스티치(8~10회 감기)
　 370(3)　링스티치(8~10회 감기)
　 778(3)　링스티치(8~10회 감기)
㉚ 3861(3)　링스티치
㉛ 3836(3)　링스티치(8~10회 감기)
　 776(3)　링스티치(8~10회 감기)
　 224(3)　링스티치(8~10회 감기)
　 3836(3)　링스티치(8~10회 감기)
　 453(3)　링스티치(8~10회 감기)
　 776(3)　링스티치(8~10회 감기)
　 3799(3)　링스티치(8~10회 감기)
　 3861(3)　링스티치(8~10회 감기)
　 3779(3)　링스티치(8~10회 감기)

　 3733(3)　링스티치(8~10회 감기)
　 746(3)　링스티치(8~10회 감기)
㉜ 451(3)　아웃라인스티치
㉝ 927(3)　아웃라인스티치
㉞ 353(3)　아웃라인스티치
㉟ 924(3)　아웃라인스티치
㊱ 779(2)　아웃라인스티치
㊲ 930(3)　아웃라인스티치
㊳ 930(3)　아웃라인필링스티치
㊴ 3348(3)　아웃라인필링스티치
㊵ 4506(2)　아웃라인스티치
㊶ 543(2)　아웃라인스티치
㊷ 938(3)　아웃라인스티치
㊸ 3772(3)　아웃라인스티치
㊹ ECRU(3)　아웃라인필링스티치
㊺ 3822(3)　링스티치
㊻ 3348(3)　아웃라인스티치
㊼ 1385(3)　링스티치
㊽ 370(3)　아웃라인스티치
　 580(3)　아웃라인스티치

flower basket

아웃라인필링스티치로 리본과 잎을 만든 뒤 링스티치로 꽃을 수놓는다. 링스티치를 할 때는 바늘 아래로 만들어지는 원형이 겹쳐지지 않게 차곡차곡 크기를 키워가는 게 포인트.

실 번호　스티치

① 801(3)　　아웃라인스티치
② 806(3)　　스플릿스티치
　　612(3)　　스플릿스티치
③ 3688(3)　아웃라인스티치
④ 3746(3)　아웃라인필링스티치
⑤ 3887(3)　아웃라인필링스티치
⑥ 473(3)　　아웃라인스티치
⑦ 319(3)　　아웃라인스티치
⑧ 3865(3)　프렌치노트스티치(3회 감기)

⑨ 3865(3)　링스티치(꽃의 크기에 따라 감는 횟수를 조절한다.)
⑩ 801(3)　　아웃라인필링스티치
⑪ 801(3)　　아웃라인스티치→3846(3) 아웃라인필링스티치
⑫ 165(3)　　아웃라인스티치→470(3) 아웃라인필링스티치
⑬ 165(3)　　아웃라인필링스티치
⑭ 3846(4)　코럴스티치
⑮ 3865(2)　우븐피콧스티치
⑯ 3746(3)　프렌치노트스티치(3회 감기)
⑰ 3688(3)　프렌치노트스티치(3회 감기)

garden

옐로와 핑크 등 화사한 컬러로 꽃을 표현한다. 레이지데이지·캐스트온·링 스티치로 꽃잎의 입체감을 살리고 잎과 줄기는 아웃라인스티치와 레이지데 이지스티치로 수놓는다. 모자는 아웃라인스티치로 형태를 잡은 뒤 아웃라인 필링스티치로 촘촘하게 결을 만들어가며 면을 채운다.

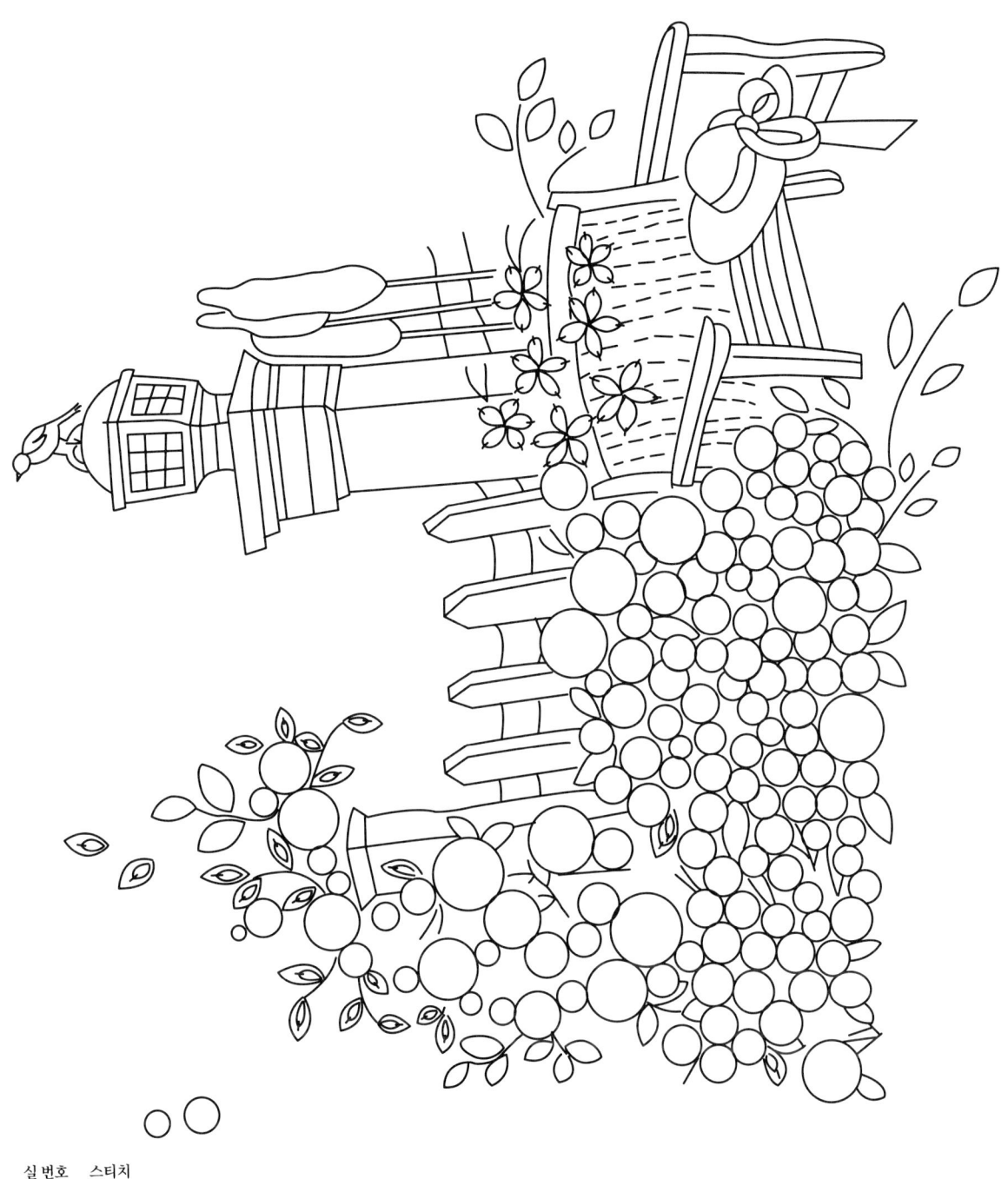

실 번호　스티치

① 3884(3)　아웃라인스티치
② 840(3)　아웃라인스티치
③ 840(3)　백스티치
④ 3882(3)　아웃라인스티치
⑤ 3052(3)　체인스티치
⑥ 644(3)　체인스티치
⑦ 926(2)　아웃라인스티치
⑧ 3817(3)　아웃라인필링스티치
⑨ 3740(2)　아웃라인스티치
⑩ 341(2)　아웃라인필링스티치
⑪ 3328(3)　레이지데이지스티치
⑫ 3779(3)　레이지데이지스티치
⑬ 3885(3)　레이지데이지스티치
⑭ 4065(3)　아웃라인스티치
⑮ 3052(3)　아웃라인스티치
⑯ 3052(3)　아웃라인필링스티치
⑰ 3840(3)　아웃라인스티치
⑱ 3823(3)　링스티치
⑲ 3823(3)　링스티치(6~10회 감기)
　3770(3)　링스티치(6~10회 감기)
　316(3)　링스티치(6~10회 감기)
　3727(3)　링스티치(6~10회 감기)
　712(3)　링스티치(6~10회 감기)
　224(3)　링스티치(6~10회 감기)
　353(3)　링스티치(6~10회 감기)
⑳ 3712(3)　캐스트온스티치(10회 감기)
　377(3)　캐스트온스티치(12회 감기)
　951(3)　캐스트온스티치(14회 감기)
㉑ 336(3)　캐스트온스티치(10회 감기)
　152(3)　캐스트온스티치(12회 감기)
　3770(3)　캐스트온스티치(14회 감기)

coffee mill

면을 채우는 가장 기초 기법인 아웃라인필링스티치로 커피밀을 수놓고 레이지데이지스티치로 커피콩을 표현한다. 아웃라인스티치로 형태를 만들고 블랭킷스티치와 백스티치로 포인트를 준다. 바닥은 러닝스티치를 자유롭게 수놓는다.

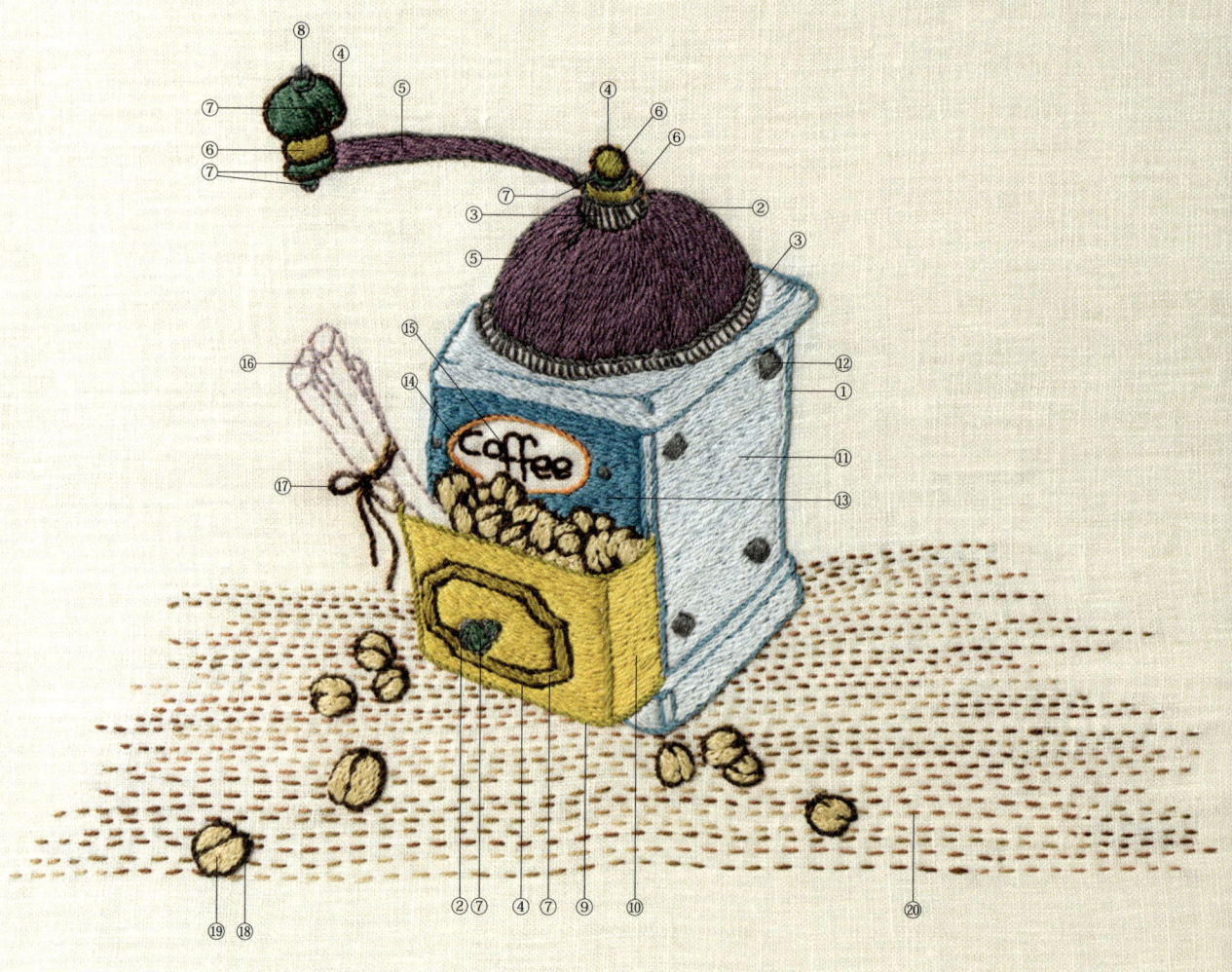

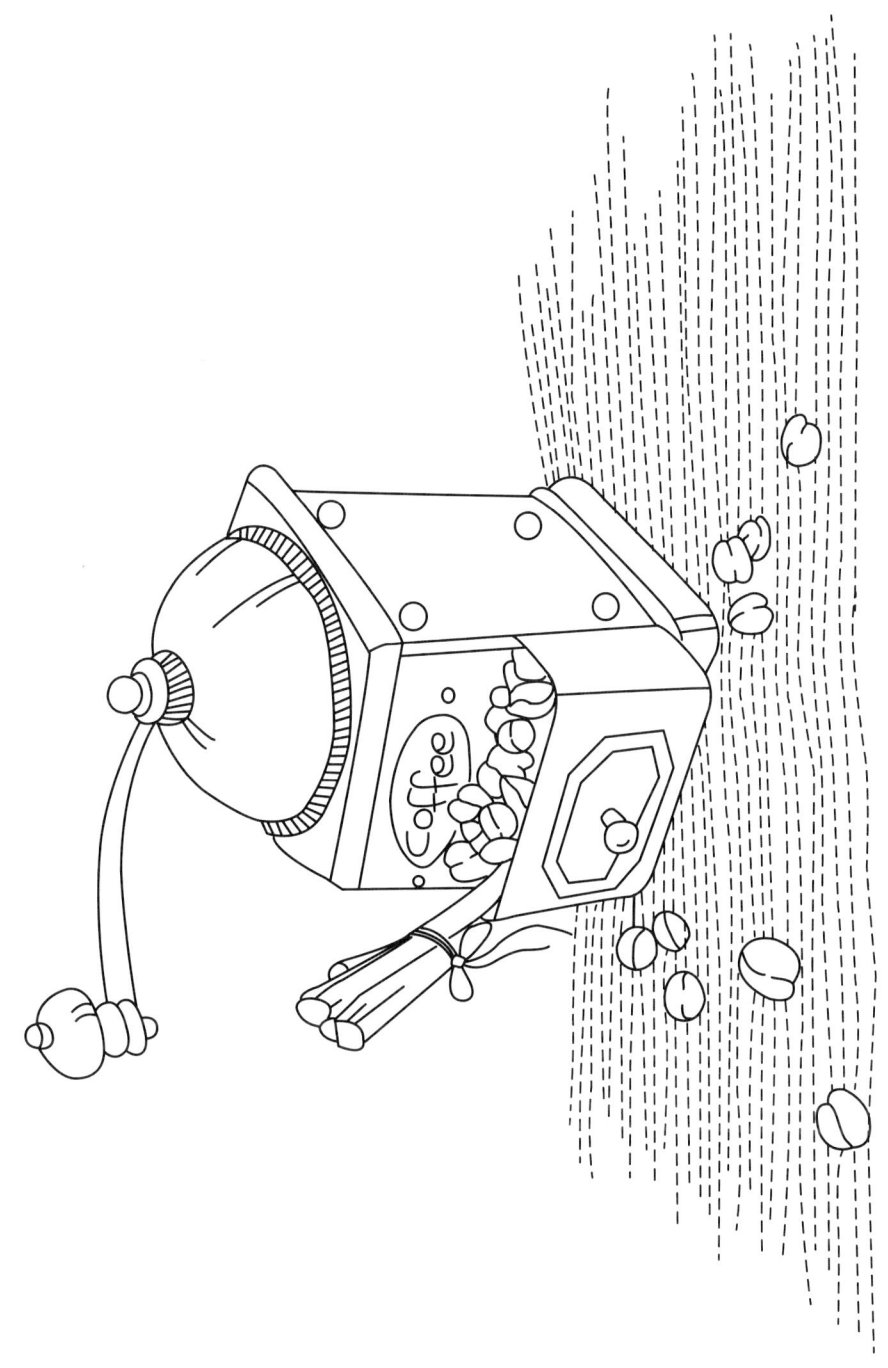

실 번호　스티치

① 807(3)　아웃라인스티치
② 3884(3)　아웃라인스티치
③ 3884(3)　블랭킷스티치
④ 898(3)　아웃라인스티치
⑤ 3835(3)　아웃라인필링스티치
⑥ 733(3)　스트레이트스티치
⑦ 163(3)　스트레이트스티치
⑧ 3884(3)　스트레이트스티치
⑨ 733(3)　아웃라인스티치
⑩ 3821(3)　아웃라인필링스티치
⑪ 3753(3)　아웃라인필링스티치
⑫ 3884(3)　스트레이트스티치
⑬ 597(3)　아웃라인필링스티치
⑭ 3853(3)　아웃라인스티치
⑮ 898(3)　백스티치(coffee)
⑯ 3042(3)　백스티치
⑰ 1390(3)　아웃라인스티치
⑱ 898(3)　아웃라인스티치
⑲ 738(3)　레이지데이지스티치
⑳ 1390(3)　러닝스티치

spence

푸른 계열의 색감이 포인트인 그릇장. 오브제마다 다른 기법으로 무늬와 질감을 표현한다. 그릇장 전체 라인은 러닝스티치를 한 뒤 아웃라인스티치를 한 줄 더 수놓아 완성한다. 초보자는 기초 스티치를 익힐 수 있고 상급자는 디테일한 표현법을 배울 수 있는 도안이다.

실 번호　스티치

① 801(3)　아웃라인스티치
② 927(3)　아웃라인필링스티치
③ 352(2)　러닝스티치
④ 3860(3)　아웃라인스티치
⑤ 3831(3)　아웃라인필링스티치
⑥ 161(2)　아웃라인필링스티치
⑦ 935(3)　체인스티치
⑧ 816(2)　아웃라인필링스티치
⑨ 937(3)　아웃라인스티치
⑩ 645(3)　아웃라인스티치
⑪ 645(3)　아웃라인필링스티치
⑫ 597(2)　아웃라인필링스티치
⑬ 3042(2)　아웃라인필링스티치
⑭ 3838(3)　아웃라인스티치
⑮ 336(2)　아웃라인스티치
⑯ 336(2)　프렌치노트스티치(2회 감기)
⑰ 341(3)　아웃라인스티치
⑱ 3746(3)　아웃라인스티치
⑲ 3042(3)　아웃라인스티치
⑳ 739(3)　아웃라인스티치
㉑ 739(3)　프렌치노트스티치(2회 감기)
㉒ 3838(3)　플라이스티치
㉓ 3042(3)　스트레이트스티치
㉔ 3042(3)　프렌치노트스티치(2회 감기)
㉕ 803(3)　아웃라인스티치
㉖ 793(3)　아웃라인필링스티치
㉗ 3046(2)　레이지데이지스티치
㉘ 797(3)　아웃라인스티치
㉙ 794(3)　아웃라인스티치
㉚ 823(3)　아웃라인스티치
㉛ 797(3)　레이지데이지스티치
㉜ 791(3)　아웃라인스티치
㉝ 3838(3)　블리온스티치
㉞ 341(2)　레이지데이지스티치
㉟ 3346(2)　프렌치노트스티치(2회 감기)
㊱ 738(3)　아웃라인스티치
㊲ 793(3)　아웃라인스티치
㊳ 791(2)　레이지데이지스티치
㊴ 155(2)　레이지데이지스티치
㊵ 797(2)　프렌치노트스티치(2회 감기)
㊶ 155(2)　아웃라인스티치
㊷ 3838(2)　레이지데이지스티치
㊸ 823(2)　프렌치노트스티치(2회 감기)
㊹ 937(3)　아웃라인스티치
㊺ 937(3)　레이지데이지스티치
㊻ 3712(3)　레이지데이지스티치
㊼ 963(3)　레이지데이지스티치
㊽ 760(3)　레이지데이지스티치
㊾ 3839(3)　프렌치노트스티치(2회 감기)

veil

아웃라인스티치로 형태를 만든 뒤 체인스티치로 면을 채운다. 우아한 느낌을 주기 위해 한 가지 컬러로 수놓았지만 여러 가지 컬러를 조합해 개성 있게 표현해도 좋다. 레이스를 달 때는 0.2cm 간격으로 홈질을 해 주름을 잡은 다음 고정해준다.

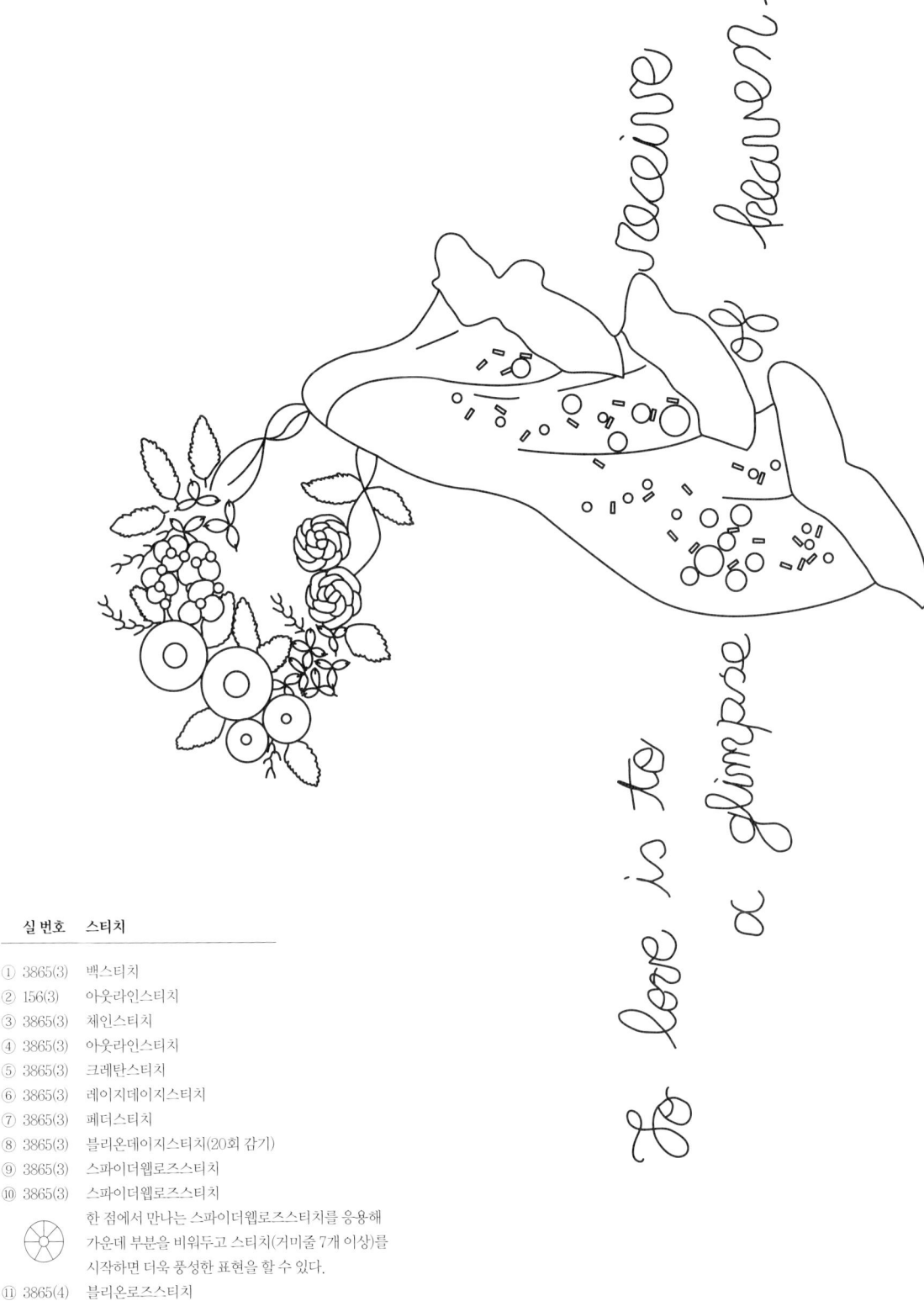

실 번호	스티치

① 3865(3) 백스티치
② 156(3) 아웃라인스티치
③ 3865(3) 체인스티치
④ 3865(3) 아웃라인스티치
⑤ 3865(3) 크레탄스티치
⑥ 3865(3) 레이지데이지스티치
⑦ 3865(3) 페더스티치
⑧ 3865(3) 블리온데이지스티치(20회 감기)
⑨ 3865(3) 스파이더웹로즈스티치
⑩ 3865(3) 스파이더웹로즈스티치

한 점에서 만나는 스파이더웹로즈스티치를 응용해 가운데 부분을 비워두고 스티치(거미줄 7개 이상)를 시작하면 더욱 풍성한 표현을 할 수 있다.

⑪ 3865(4) 블리온로즈스티치
⑫ 비즈와 진주를 달아 마무리한다.

her back

아웃라인스티치를 작은 땀으로 촘촘히 수놓아 곡선 형태의 꽃잎을 만든다. 진주나 비즈를 붙여 화사한 느낌을 주어도 좋다. 꽃잎의 곡선을 표현하는 아웃라인스티치는 실을 당기지 않으면서 수놓아야 곡선 느낌을 살릴 수 있다.

실 번호　스티치

① 823(3)　　백스티치
② 823(3)　　아웃라인스티치
③ 823(3)　　체인스티치
④ 823(2)　　아웃라인스티치
⑤ 823(3)　　아웃라인필링스티치
⑥ 341(3)　　아웃라인필링스티치
⑦ B5200(3)　아웃라인스티치
⑧ 415(3)　　아웃라인스티치
⑨ 3838(3)　　아웃라인스티치
⑩ 341(3)　　아웃라인스티치
⑪ 진주를 달아 마무리한다.

coffee cup
& macaron

커피잔을 중심으로 마카롱과 이니셜을 자유롭게 흩어놓았다. 아웃라인·백·체인스티치 등 기초 스티치로 형태를 만들고 커피잔 테두리에 6가닥의 페더로 포인트를 준다.

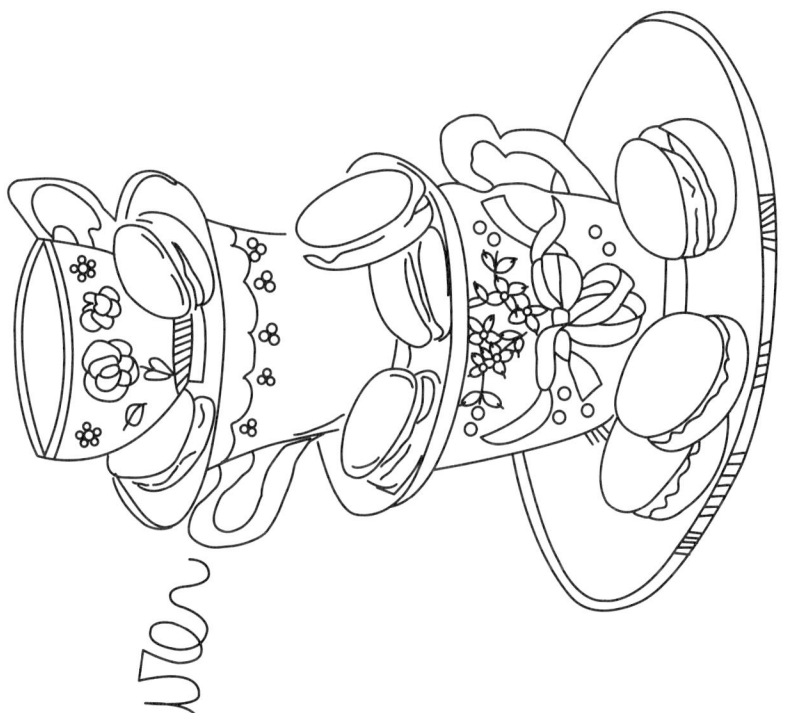

실 번호	스티치
① 341(3)	아웃라인스티치
② 550(3)	아웃라인스티치
③ 550(3)	백스티치
④ 726(3)	아웃라인스티치
⑤ 726(3)	체인스티치
⑥ 3863(3)	백스티치
⑦ 600(3)	아웃라인스티치(리본 테두리)
⑧ 760(3)	아웃라인필링스티치
⑨ 341(2)	스트레이트스티치
⑩ B5200(2)	레이지데이지스티치
⑪ 760(2)	프렌치노트스티치(2회 감기)
⑫ 3861(2)	레이지데이지스티치
⑬ 155(6)	코럴스티치
⑭ 600(3)	체인스티치
⑮ 600(3)	아웃라인스티치
⑯ 155(3)	프렌치노트스티치(3회 감기)
⑰ 793(3)	백스티치
⑱ 964(3)	아웃라인스티치
⑲ 964(3)	백스티치
⑳ 3042(2)	아웃라인스티치
㉑ 155(2)	아웃라인스티치

wedding

메탈사를 사용해 화려한 느낌을 주었다. 웨딩드레스, 베일, 커튼, 구두는 레이지데이지스티치를 각각 다른 방향으로 수놓아 독특한 질감을 표현한다. 레이지데이지스티치로 드레스를 채울 때 각각 각도를 다르게 놓고 수놓아야 화려한 질감을 표현할 수 있다. 마지막에 진주와 비즈를 달아 화려한 느낌을 더하면 완성.

실 번호　스티치

① 310(3)　아웃라인스티치
② 310(3)　백스티치
③ 310(3)　프렌치노트스티치(3회 감기)
④ 310(3)　레이지데이지스티치
⑤ 3861(3)　아웃라인스티치
⑥ 611(3)　아웃라인스티치
⑦ 372(3)　레이지데이지스티치
⑧ 3861(4)　캐스트온스티치(중심 부분)
　 3727(4)　캐스트온스티치
⑨ 3816(2)　아웃라인스티치
⑩ 827(2)　아웃라인필링스티치
⑪ 372(3)　아웃라인스티치
⑫ 4500(6)　프렌치노트스티치(3회 감기)
⑬ 159(3)　아웃라인스티치
⑭ E168(2)　레이지데이지스티치
⑮ 베일에 비즈를 단다.
⑯ 839(3)　아웃라인스티치
⑰ 407(2)　백스티치
⑱ 407(2)　아웃라인스티치
⑲ 167(2)　아웃라인스티치
⑳ 3042(3)　아웃라인스티치
㉑ 3042(3)　캐스트온스티치
㉒ 732(3)　아웃라인스티치
㉓ 152(3)　레이지데이지스티치
㉔ 372(2)　레이지데이지스티치
㉕ 732(3)　레이지데이지스티치
㉖ 159(2)　아웃라인스티치
㉗ 진주를 달아 마무리한다.

kitchen

아웃라인·체인·백·플라이스티치 등 다양한 기법으로 크고 작은 오브제를 만든다. 아웃라인필링스티치나 체인스티치는 면을 채우기 좋은 기법으로 크기가 작은 도안에 표현해도 멋스럽다.

실 번호	스티치				
① 3839(3)	체인스티치	⑰ 550(2)	아웃라인스티치	㉝ 672(2)	아웃라인스티치
② ECRU(3)	체인스티치	⑱ 550(2)	러닝스티치	㉞ 3042(2)	스트레이트스티치(작은 땀으로 수놓는다.)
③ 3766(3)	아웃라인스티치	⑲ 340(2)	아웃라인스티치	㉟ 318(4)	아웃라인스티치
④ 807(3)	아웃라인스티치	⑳ 3328(3)	아웃라인필링스티치	㊱ 3326(3)	아웃라인스티치
⑤ 840(3)	아웃라인필링스티치	㉑ 550(2)	아웃라인스티치	㊲ 3861(3)	아웃라인필링스티치
⑥ 335(3)	아웃라인스티치	㉒ 436(2)	아웃라인스티치	㊳ 840(3)	아웃라인스티치
⑦ 3817(3)	아웃라인스티치	㉓ 150(3)	아웃라인스티치	㊴ ECRU(3)	아웃라인스티치
⑧ ECRU(3)	아웃라인필링스티치	㉔ 840(2)	아웃라인스티치	㊵ 347(3)	프렌치노트스티치(3회 감기)
⑨ 335(3)	플라이스티치	㉕ 335(3)	플라이스티치	㊶ 3817(3)	레이지데이지스티치
⑩ 839(2)	아웃라인스티치	㉖ 3042(3)	아웃라인스티치	㊷ 38017(3)	백스티치
⑪ 150(2)	아웃라인스티치	㉗ 3042(3)	아웃라인필링스티치	㊸ 611(4)	아웃라인스티치
⑫ 150(2)	백스티치	㉘ 154(3)	아웃라인스티치	㊹ 3807(3)	아웃라인스티치
⑬ 842(2)	아웃라인필링스티치	㉙ 761(3)	아웃라인스티치	㊺ 3860(3)	아웃라인스티치
⑭ 319(2)	아웃라인필링스티치(그린)	㉚ 3807(3)	아웃라인스티치	㊻ 3860(3)	아웃라인필링스티치
⑮ ECRU(2)	아웃라인필링스티치	㉛ 3807(3)	아웃라인스티치	㊼ 420(3)	아웃라인스티치
⑯ 839(2)	스트레이트스티치	㉜ 869(2)	아웃라인스티치	㊽ 414(4)	아웃라인스티치

brunch

여섯 가닥의 코럴스티치로 커튼을 수놓아 입체적인 질감을 표현한다. 창틀 무늬는 블랭킷스티치로, 달걀과 토스트, 달걀프라이는 아웃라인필링스티치로 수놓아 포인트를 준다.

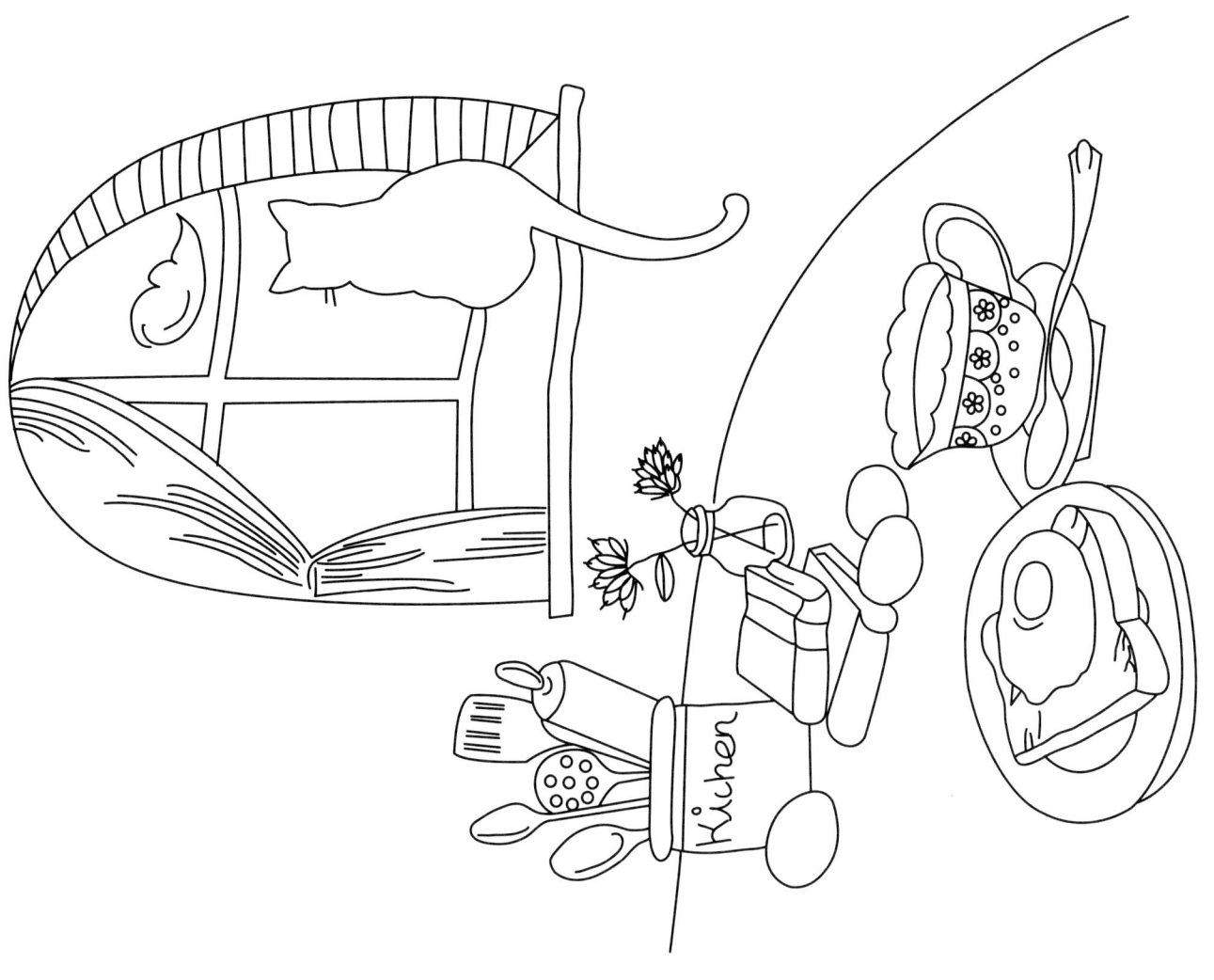

실 번호　스티치

① 161(3)　아웃라인스티치
② 524(3)　아웃라인필링스티치
③ 161(3)　블랭킷스티치
　위→아래 순서로 차곡차곡 채운다.
④ 799(3)　체인스티치
⑤ 3810(3)　아웃라인스티치
⑥ 316(3)　아웃라인필링스티치
⑦ 310(3)　체인스티치
⑧ 310(3)　스트레이트스티치
⑨ 553(6)　코럴스티치
　3747(6)　코럴스티치
　두 컬러를 겹쳐 라인을 만든다.
⑩ 553(6)　코럴스티치
　3747(6)　코럴스티치
　두 컬러를 겹쳐 라인을 만든다.
⑪ 799(3)　아웃라인스티치
⑫ 3688(3)　아웃라인스티치
⑬ 3688(3)　아웃라인필링스티치
⑭ 420(3)　아웃라인스티치
⑮ 801(3)　아웃라인필링스티치
⑯ 840(4)　아웃라인스티치
⑰ B5200(3)　아웃라인필링스티치
⑱ 725(3)　아웃라인필링스티치
⑲ 732(3)　아웃라인스티치
⑳ 3834(3)　아웃라인필링스티치
㉑ 3834(3)　백스티치
㉒ 732(3)　레이지데이지스티치
㉓ 732(3)　프렌치노트스티치(3회 감기)
㉔ 3768(3)　아웃라인스티치
㉕ 779(3)　아웃라인스티치
㉖ 452(3)　아웃라인필링스티치
㉗ 3859(3)　아웃라인필링스티치
㉘ 471(3)　아웃라인필링스티치
㉙ 437(3)　아웃라인필링스티치
㉚ 3750(3)　아웃라인스티치
㉛ 520(3)　아웃라인스티치
㉜ 335(3)　레이지데이지스티치
　963(3)　레이지데이지스티치
　두 컬러를 겹쳐 꽃을 완성한다.
㉝ 161(3)　아웃라인필링스티치
㉞ 3834(2)　아웃라인스티치
㉟ 4506(3)　아웃라인스티치
㊱ 169(3)　아웃라인스티치
㊲ 1385(3)　아웃라인스티치
㊳ 1385(3)　아웃라인필링스티치
㊴ 434(3)　아웃라인스티치
㊵ 3893(3)　아웃라인필링스티치

헬렌정의 프랑스 자수

1판 1쇄 발행 2017년 2월 10일
1판 6쇄 발행 2021년 12월 14일

지은이 최수정
사장 김재호 | **발행인** 임채청
출판국장 서정보
콘텐츠비즈팀장 이태훈
기획편집 정세영
사진 심윤석 허인영 | **스타일링** 배지현
교정 조창원 | **도안 일러스트** 정영경
펴낸곳 동아일보사 | **등록** 1968.11.9(1-75)
주소 서울시 서대문구 충정로 29(03737)
전화 02-361-0941 | **팩스** 02-361-1041
인쇄 코리아프린테크

저작권 ⓒ 2017 최수정
편집저작권 ⓒ 2017 동아일보사
이 책은 저작권법에 의해 보호받는 저작물입니다.
저자와 동아일보사의 서면 허락 없이 내용의 일부를
인용하거나 발췌하는 것을 금합니다.
제본, 인쇄가 잘못되거나 파손된 책은 구입하신 곳에서 교환해드립니다.

ISBN 979-11-87194-31-6 13630   값 14,800원

이 도서의 국립중앙도서관 출판예정도서목록(CIP)은 서지정보유통지원시스템
홈페이지(http://seoji.nl.go.kr)와 국가자료공동목록시스템(http://www.nl.go.kr/kolisnet)에서
이용하실 수 있습니다.(CIP제어번호: CIP2017002919)